Legends from Puerto Rico

◆

Leyendas de Puerto Rico

Bilingual Edition   Edición bilingüe

Robert L. Muckley   Adela Martínez-Santiago

Illustrations by Yoshi Miyake

National Textbook Company
a division of NTC/CONTEMPORARY PUBLISHING GROUP
Lincolnwood, Illinois USA

The publisher wishes to thank Judy Veramendi
for her contributions to this edition.

ISBN: 0-8442-0487-0

Published by National Textbook Company,
a division of NTC/Contemporary Publishing Group, Inc.
4255 West Touhy Avenue,
Lincolnwood (Chicago), Illinois 60646-1975 U.S.A.
© 1999 NTC/Contemporary Publishing Group, Inc.
All rights reserved. No part of this book may be reproduced,
stored in a retrieval system, or transmitted in any form or by any means,
electronic, mechanical, photocopying, recording, or otherwise,
without the prior permission of the publisher.
Manufactured in the United States of America.

890 VP 0987654321

Legends from Puerto Rico

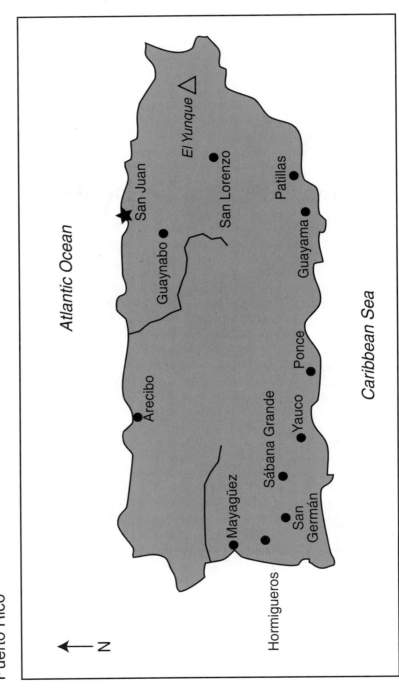

Contents

Preface		vii
1.	Creation	1
2.	The Death of Salcedo (1511)	7
3.	Guanina (1511)	15
4.	The Miracles of Our Lady of Monserrate (1600)	23
5.	The Snake's Curve (1700)	29
6.	The Devil's Sentry Box (1790)	37
7.	Cofresí (1824–25)	
	Part One	45
	Part Two	53
8.	Carabalí (1830)	59
9.	Lola of America (1858)	67
10.	Elena of the Holy Mountain (1900)	75
11.	Esperanza (1910)	83
12.	Guayama, Witch City (1940)	91
13.	The Miraculous Well (1953)	97
14.	The Specter (1970)	105
15.	Extraterrestrials (1975)	113
16.	Foolish Jack	121
17.	Friend Rabbit	129
Appendix: The Tainos		136
English-Spanish Vocabulary		141

Preface

This bilingual edition of *Legends from Puerto Rico* explores the rich folk legacy of Puerto Rico. The seventeen legends in this collection are arranged in chronological order, with the exception of the last two legends, which are timeless. Relevant dates, where appropriate, appear next to the legend titles in the Table of Contents. The legends include a tale about creation, as well as stories from the Spanish colonial period and from the twentieth century. The cast of characters includes talking animals, indigenous peoples, conquistadors, spiritual beings, and extraterrestrials. There is also an appendix that describes the Tainos, Puerto Rico's early inhabitants.

The legends and the appendix are presented in both simple English and Spanish so students may gain valuable reading skills in their new language while at the same time enjoying the support of their native language. Students may check their comprehension in either language by comparing both versions of the text.

The term *legend* here is to be understood in its broadest sense. Some of the legends, such as *The Death of Salcedo*, have a basis in historical fact, whereas others are mostly fantasy. Carabalí, the slave who keeps escaping, is really the name of an African tribe known to have struggled fiercely for its freedom. The colonists assumed that a man so named would resist slavery.

Women play a prominent role in many of the stories. *Lola of America*, for example, is a charming story about one of the great women of Puerto Rican history. Other exciting examples are Atabei, the creator of the universe; Guanina, who was unfortunate in love; the generous "Saint" Elena; and the mysterious young woman who appears in *The Specter*.

The language and grammar used in the text make the readings appropriate for students at the intermediate level. Each legend is followed by content questions designed to enhance understanding and by exercises intended to reinforce grammar and vocabulary found in the stories. There is also an English-Spanish Vocabulary at the end of the book.

Most chapters end with a verse collected in the Puerto Rican countryside by Juan Ángel Tió Nazario, who was born in San Germán in 1906 and died at the young age of twenty-eight. He collected these verses for his study *Esencia del Folklore Puertorriqueño.*

We hope students will enjoy reading these legends and exploring the rich cultural heritage of Puerto Rico.

1 | Creation

2 | Creation

When the Spaniards arrived in Puerto Rico, they found Indians called Tainos. The Tainos had their own culture, their own language, and their own traditions.

They also had enemies: the Caribs, a tribe from South America. The Caribs had occupied other islands southeast of Puerto Rico and they were beginning to invade Puerto Rico also.

This legend has to do with one of the beliefs of the Tainos. The Appendix on page 136 provides more details about the Taino culture.[1]

In the beginning, Atabei created the heavens, the Earth, and other celestial bodies.

Atabei had always existed. Atabei was the original mother. Atabei was the powerful creator.

But there was no life. There was no light. Everything existed as in a deep sleep. And so it was for a long time.

Atabei finally realized that something was missing. She had two sons whom she crafted out of magical, invisible elements.

---

[1] We also recommend *Canto al Cemí* by Sadi Orsini Luiggi, which has served as a source of information for much of the material in this legend.

The two sons were named Yucajú and Guacar. Yucajú was preoccupied with the absence of light and life. Atabei was content because Yucajú could now finish what she had started.

And Yucajú created the sun and the moon to illuminate the earth. He took precious stones from the earth and placed them in the sky. These stones helped the moon illuminate the night. The earth was fertile, and from it grew plants and trees. Yucajú then created animals and birds to live among the plants and trees.

Then Yucajú decided to create something new, something different, a cross between an animal and a god. In this way, the first man and soul, or *jupía*, was created. He called the first man Locuo. Locuo was happy on earth, with all the beauty that surrounded him. He knelt before Yucajú to offer thanks.

Guacar looked with envy at all his brother had created. He stole away to a secluded place and did nothing for awhile. But his envy overcame him, and he began to taint the creations of his brother. He changed his name, becoming the terrible god of evil, Juracán. Juracán carried the winds. Sometimes he carried them with such force that they destroyed what Yucajú had created. He uprooted trees and killed animals. Locuo's happiness turned to fear. He could no longer enjoy the beauty of nature.

In addition to sending powerful winds, Juracán made the earth tremble. This was one of his favorite games. During one of the most powerful quakes, the American continent divided in two. That is how the Antilles[2] came to be.

But Locuo continued living on the earth, and Yucajú created other gods to help him. Locuo learned to create images of these gods, which he called *cemíes*.[3] Yucajú presented Locuo with fire, and he learned to cook his own food. He learned to make cassava from yucca.[4] But Locuo lived alone on earth. One day, inspired by so much natural beauty, he pried open his belly button and gave way to two beings in his likeness: a man and

---

[2] A group of islands in the West Indies to which Puerto Rico belongs.
[3] Cone-shaped idols associated with the Taino culture. See also the Appendix.
[4] *Cassava* was the bread made from yucca, a potato-like tuber that was extremely important in the Taino diet. See also the Appendix.

a woman. The man was named Guaguyona, and the woman Yaya. The descendants of these two people populated the earth.

But the descendants of Guaguyona and Yaya suffered immensely with the floods and strong winds that Juracán sent. And he sent *maboyas*,[5] or evil spirits, that caused problems in the lives of the people. The *maboyas* destroyed the canoes in the river, threw stones upon homes, and hid the ball with which people were playing. They also brought illness and strife to the people.

That is how the Tainos explained natural phenomena and the origin of good and evil. The Caribs,[6] who arrived from islands southeast of Puerto Rico, were evil. They were fierce warriors who destroyed entire villages and kidnapped the women. The Caribs were considered messengers of Juracán.

And if Juracán sent the Caribs, perhaps Yucajú sent good people to help expel the Caribs.

Therefore, when the Spaniards arrived in Puerto Rico, the Tainos no doubt thought that they were sent by Yucajú.

They were wrong.

Exercises

A. **Answer in complete sentences.**

1. Who was Atabei?
2. What did she come to realize?
3. What were her two sons' names?
4. Why was Atabei content?
5. What did Yucajú do with the precious stones?
6. What did Yucajú create to live among the plants?

---

[5] See the Appendix.
[6] Another Indian tribe. See the Appendix.

7. Why was the first man different?
8. What was his name?
9. Why did he kneel?
10. What did Guacar feel upon seeing all his brother had done?
11. What did he begin to do?
12. What did he convert himself into?
13. What did Juracán do?
14. What did Locuo learn to do?
15. What was the second man's name?
16. What was the first woman's name?
17. Who were the *maboyas*?
18. Who were the Tainos?
19. Who were the Caribs?
20. What did the Tainos think when the Spaniards arrived?

B. Finish the sentences with the correct word.

1. In the _____, Atabei created the heavens and the earth.
2. For a long time, everything existed as in a deep _____.
3. Atabei had _____ sons.
4. She crafted them out of magical _____.
5. The sun and the moon _____ the earth.
6. The plants _____ on earth.
7. The man was a cross between an animal and a _____.
8. Guacar's _____ overcame him.
9. Guacar _____ into the terrible god of evil.
10. Juracán carried the winds with such force that he _____ trees.
11. Juracán divided the American _____.

Creation

12. Locuo lived _____ on earth.
13. The *maboyas* hid the _____.
14. The _____ took the Taino women.
15. The Spaniards were not sent by _____.

C. **Substitute the words in italics with synonyms from the following list. You may use a word more than once.**

destroyed	powerful	full of
illuminated	formed	Guacar
named	happy	descendants

1. That is how the Antilles were *created*.
2. Locuo felt *content*.
3. The Caribs *ruined* the Taino villages.
4. Juracán sent *strong* winds.
5. The maboyas *broke* canoes.
6. He was *called* Guaguyona.
7. *Juracán* felt envy.
8. The *sons and grandsons* of Guaguyona populated the earth.
9. The moon *lit up* the night.
10. He was not happy, for he was *overcome with* fear.

D. **Topic for class discussion or written essay:**

Several creationist theories exist. Find the version from the Bible and a scientific explanation. Compare them with the Taino myth. How are they similar? How are they different?

> I want to contemplate you
> thirty times a month,
> seven days a week,
> one minute at a time.

2 | The Death of Salcedo

The Death of Salcedo

The story of the death of Salcedo is one of the most widely known in the history of Puerto Rico. It appears in all the history books, and the famous playwright, René Marqués, uses it in his story Tres hombres junto al río.

The Boriquen chiefs had gathered to discuss the bad treatment they received at the hands of the Spaniards. Agüeybana, the head chief of Boriquen and friend of the Spaniards, had died. His nephew, Guaybana, had taken his place. Guaybana began the discussion like this:

"Brothers, the time has come to fight. We welcomed the white men as friends, and they make us into slaves. It is time to regain our freedom."

"I understand your attitude, Guaybana. But you must learn to accept your destiny. We must respect the gods.[1] We must accept what they want for us."

"I would rather die than be a slave, Mabodamaca. You may be right, but I cannot and will not accept this situation. We must fight, even if it's against the gods!"

---

[1] The Indians believed the Spaniards were gods, therefore immortal.

"That's the way to talk, Guarionex!" answered Guaybana. "Besides, who says they're gods? They themselves never said it. We say it and they don't deny it. It's to their advantage. That way they enslave us easily. True, we've never seen them die, but they've only been among us three years."

"They have assured me that they are immortal. And we know that their great Yucajú[2] had a son who had supposedly died, but he came back to life after three days. He was a god of love; he loved even his enemies. How different from them! You know how they stole my property."

"We all understand your anger, Mabó. We are all suffering," answered Guaybana.

"Yes, I was the first to show their chief that yellow metal they covet, and for which they make us suffer so much," said Chief Guaraca bitterly.

The old chief Urayoán listened without saying a word. He did not share in the violent attitude of some nor the resignation of others. When he finally did speak, he did so calmly but firmly.

"There is one thing I don't understand about that great *bohique*[3] they call Jesus. If they themselves are gods—if they are immortal—why do they so admire another one that is no greater than they? Could it be they adore that son of the great Yucajú precisely because he is the only one that is truly immortal? He could conquer death, but they cannot. We must be certain. I don't know how yet, but when the opportunity arises, I promise to find out if they are immortal, and I will let you know."

* * *

Diego Salcedo walked through the western forests of Boriquen. He roamed the lands of the old chief Urayoán. The old chief had given him some of his men to serve as guides and to

---

[2] Taino word for the Great Spirit: God. See also the Appendix.
[3] The *bohiques* in Taino society were at the same time priests and medicine men. See the Appendix.

carry his personal belongings. In this way Salcedo could accomplish his mission easily. As he walked, he thought about several things: the temperament of the Indians, so docile and humble, who accepted the Spaniards as their masters. In effect, they believed they were gods. The very idea flattered Salcedo. He smiled. Then he thought about the Indian girls, with their sweet voices, their beautiful suntanned bodies, and that long silky hair. For a while he could forget about the haughty women of Spain.

They arrived at the bank of a river. The river was not very big, but there was no place to cross. But the docile, helpful Indians offered a solution. Two of them offered to carry Salcedo. After all, that is how a god should be treated. Salcedo beamed with satisfaction as the Indians locked their arms to form a seat. When they got to the middle of the river, something happened that put an end to Salcedo's pleasant thoughts. The Indians overturned him and held him underwater. He could not breathe. He was drowning!

When he stopped struggling, the Indians held him underwater a while longer. Then they dragged him to the bank. They were frightened at what they had done. The white god would surely punish them now. They propped him up, and one of the Indians begged his forgiveness: "Oh great white god, forgive us. We are poor mortals who don't understand your greatness."

The great white god did not answer.

He did not show signs of life. But they had to be absolutely certain. What if he rose from the dead after three days, like the great *bohique?* The Indians set out to wait. They waited three days and three nights.

But Salcedo never did show signs of life. Quite the contrary; from the state the body was in, it was easy to tell that the great white god was absolutely dead.

"They are men. They are not gods," declared one of the Indians. And during the night, the bonfires in the mountains proclaimed the news.

EXERCISES

A. Answer in complete sentences.

1. Who treated the Indians badly?
2. Who was Guaybana?
3. How did they receive the white men?
4. What did the Spaniards do with the Indians?
5. Who would rather die than be a slave?
6. Who had his property stolen by the Spaniards?
7. What did the Indians think of the Spaniards?
8. Who showed the Spaniards where to find gold?
9. What did Urayoán promise to do?
10. What was Salcedo thinking about as he walked?
11. What could they not find at the river?
12. What solution did the Indians offer?
13. What did the Indians do when they got to the middle of the river?
14. What did Salcedo answer when the Indians begged forgiveness?
15. What did the Indians conclude?

B. Finish the sentences with the correct word.

1. Agüeybana's nephew was named _____.
2. Many Indians believed the Spaniards were _____.
3. Mabó lost his _____.
4. The son of the god of the Spaniards loved even his _____.
5. Urayoán spoke calmly but _____.

6. Urayoán promised to find out if the Spaniards were _____.
7. Salcedo was pleased with the idea of being a _____.
8. Salcedo liked the _____ girls.
9. The Indians offered Salcedo a _____.
10. When they got to the middle of the river, the Indians _____ him.
11. The Indians believed Salcedo would _____ them.
12. Salcedo did not _____ when they asked for forgiveness.
13. The Indians waited _____ days and three nights.
14. The Indians realized that Salcedo was _____.
15. During the night, the _____ proclaimed the news.

C. **Substitute the words in italics with synonyms from the following list. You may use a word more than once.**

different   rebel   girls
principal   started   said
covet   occurred

1. Brothers, the time to *fight* has come.
2. At last he *began* to talk.
3. How *distinct* they are from their god!
4. Something *happened* that put an end to Salcedo's thoughts.
5. He was able to forget the *women* of Spain.
6. They themselves never *mentioned* it.
7. Agüeybana was the *most important* chief of Boriquen.
8. They *want* the yellow metal.
9. Guaybana *initiated* the reunion.

D. **Indicate with a T or F whether these sentences are true or false. Rewrite false statements to make them true.**

1. _____ The chiefs were discussing the bad treatment the Spaniards received from the Indians.
2. _____ Agüeybana said it was time to fight.
3. _____ Guarionex wanted to fight.
4. _____ The Indians did not deny they were gods.
5. _____ Guaraca lost his property.
6. _____ Urayoán's property was in the east.
7. _____ The Indians drowned Salcedo in a river.
8. _____ After drowning him, they waited three days and three nights.
9. _____ The great white god was alive.
10. _____ The Indian said that the white men were gods.

E. **Topics for class discussion or written essays:**

1. What Mabó said: "He was a god of love; he loved even his enemies. How different from them!"
2. Problems that arise when two cultures come into contact.

> To sing well or to sing badly
> In the countryside, who cares?
> But where there are people
> Sing well or not at all.

3 | Guanina

This story is based on a well-known legend by Puerto Rico's famous historian and storyteller, Cayetano Coll y Toste.

Coll y Toste was born in Arecibo, on the northern coast of Puerto Rico, in 1850. He studied medicine in Spain and practiced his profession in his home town of Arecibo, and later, in San Juan. He also held political offices with the Spanish government and with the U.S. government. His written works were also impressive. One of his many works, Leyendas puertorriqueñas, *has served as a valuable source of information for this story and for many others that will be presented later on in this book.*

Coll y Toste died in Spain in 1930, where he had gone to continue his historical research.

He was a gallant and brave Spanish noble.

She was a beautiful Indian, the sister of a chief.

And they loved each other. They loved each other even though the peace that had existed at first between their two peoples was broken by the bad treatment the Indians received.

They loved each other even though the young Indian girl's brother was chief Guaybana, who urged the Indians to rebel.

The noble was named Don Cristóbal de Sotomayor, and he was seated in his house in the village of Agüeybana. Suddenly, Guanina, the beautiful Indian girl, appeared. With anguish in her voice, she said:

"You must run! The chiefs of Boriquen have decided to fight. They are going to kill you!"

"You exaggerate, Guanina. The Indians live in peace."

"We are not conquered, sir. You know that your people treat us cruelly. You make us work very hard. You wish to be our masters, not our friends."

"I see you are rebelling, also."

"I only say what I feel because I want to save you, my love."

At this, Guanina burst out crying, and the young noble held her in his arms, kissing her affectionately. Suddenly, Don Cristóbal's interpreter arrived and confirmed what Guanina had said: the Indians were in revolt. The interpreter also advised him to flee, but Don Cristóbal answered angrily that the Sotomayors never fled, and that he had no intention of changing his plans to travel to the Villa de Caparra[1] the next day.

Early the next morning, Don Cristóbal called for Guaybana, the head chief of Boriquen and brother of Guanina, and told him to assign a group of men to carry the equipment. Frowning, the chief politely promised to comply with his wishes, and he left. A group of Indians quickly arrived and they divided the equipment among themselves. The interpreter expressed his anxiety to Don Cristóbal because he had revealed to Guaybana the route of his journey.

Kissing Guanina good-bye, Don Cristóbal and his companions set out. They quickly found themselves in the thick forest. Suddenly, they heard shouts. Guaybana and his warriors were preparing to attack. The Indians carrying the Spaniards' equipment were not armed, so they either stole their cargo or left it behind, and fled through the forest.

---

[1] Settlement founded by Ponce de León near the present site of San Juan.

Don Cristóbal and his small group of friends were attacked by Guaybana and his men. The battle was hand to hand, the Spaniards' swords against the Indians' *macanas*.[2] Both groups shouted. The strong iron of the swords broke the *macanas* into pieces. But the warriors of Guaybana fought valiantly, and soon all the Spaniards fell, except Don Cristóbal. As he approached Guaybana, he received a blow to the head that took his life.

A while later, Guaybana and his men were resting on a hill. "Don Cristóbal was very brave. He deserves to be buried with a warrior's honors," said Guaybana.

But when the group of Indians got to the battleground, they found Guanina already there, kissing and washing the face of her beloved, trying in vain to bring him back to life. The Indians went back to inform Guaybana.

"That's fine. We should respect Guanina's pain, my friends. She will be sacrificed tomorrow over her beloved's tomb so that she may accompany him to the afterlife."

But that was not necessary. When the Indians returned to the battleground, they found Guanina already dead, her head resting on the noble Spaniard's chest. They were buried together at the foot of a large tree. Afterward, red poppies and white lilies blossomed at their grave site. The peasants say that at sunset, the sweet sounds of a love song can be heard in the breeze. The souls of Don Cristóbal and Guanina are believed to rise from the tomb to watch the sunset and to kiss in the moonlight.

---

[2] A weapon, similar to an ax, used by indigenous people. The handle was made of wood and the blade of flint.

Exercises

A. Answer in a complete sentence.

1. Where was Cayetano Coll y Toste born?
2. What did he study in Spain?
3. Name one of his works.
4. Who was Guanina?
5. Who was her brother?
6. What did Guanina advise Don Cristóbal? Why?
7. Who else gave Don Cristóbal the same advice?
8. What did Don Cristóbal answer?
9. Where did Don Cristóbal plan to travel?
10. Who carried the Spaniards' equipment?
11. What did they do when Guaybana's men approached?
12. What weapons did the Spaniards use?
13. What weapons did the Indians use?
14. How did Don Cristóbal die?
15. What did Guaybana think of Don Cristóbal's bravery?
16. Where did the group of Indians find Guanina?
17. Why was Guanina to be sacrificed?
18. Why did the Indians not kill Guanina?
19. Where were Don Cristóbal and Guanina buried?
20. What do the local peasants say about the place?

B. Finish the sentences with the correct word.

1. Guanina was the sister of a _____.
2. The Spaniards treated the _____ badly.
3. Don Cristóbal's _____ confirmed what Guanina had said.

4. Don Cristóbal said that the Sotomayors did not _____.
5. Guaybana assigned a group of men to carry the _____.
6. Don Cristóbal said good-bye to Guanina with a _____.
7. The _____ was hand to hand.
8. Don Cristóbal received a _____ to the head.
9. They buried him with a warrior's _____.
10. Guanina tried in vain to bring him back to _____.
11. The Indians returned to the _____.
12. Don Cristóbal and Guanina were buried _____.
13. Poppies and _____ grew on top of the grave site.
14. At sunset, the peasants _____ love songs.
15. The souls of Don Cristóbal and Guanina _____ from the tomb.

C. **Substitute the words in italics with synonyms from the following list. You may use a word more than once.**

accompany	go	fought
arrived	left	expressed
place	watch	
both	took	

1. Don Cristóbal planned to *travel* to Villa de Caparra.
2. The Indians *carried* the equipment.
3. They arrived at the *site* of the battle.
4. She may *be with* him in the afterlife.
5. They *observe* the sunset.
6. Guanina suddenly *showed up*.
7. The chief *went away*.
8. The warriors *battled* well.

9. *The two* groups shouted.
10. The interpreter *revealed* his anxieties.

D. **Topic for class discussion or written essay:**

   Comment on problems that arise in a relationship or marriage when cultural differences exist.

> If the soldier loves you,
> Love him back, dear;
> He won't be a soldier
> the rest of his life.

4 | The Miracles of Our Lady of Monserrate

The Miracles of Our Lady of Monserrate

In the southwest of Puerto Rico, between San Germán and Mayagüez, lies the town of Hormigueros. The main road between these two cities passes by Hormigueros, but travelers can observe the location of this small town, built where the fertile valley ends and the mountains begin. The cathedral is situated on one of the highest peaks. This cathedral is the sanctuary of Our Lady of Monserrate.[1]

One cool evening in March, we ascended the hill toward the sanctuary. The chaplain accompanied us on our visit, showing us paintings and statues. They are beautiful works by unknown artists of the seventeenth century. The statue of the Virgin of Monserrate, which is carried in processions, is small but beautifully crafted. The sanctuary dates back three centuries. It was founded by the man who is the protagonist of this legend.

---

[1] The worship of Our Lady of Monserrate originated in the region of Cataluña in Spain.

Giraldo González was a farmer who owned many plots of land in the southwest of Puerto Rico, close to present-day Hormigueros. This land included fertile valleys and lush knolls.

One day, Giraldo climbed one of these knolls in search of rattan to make baskets. So intent was he on the work at hand that he did not notice an enormous bull coming toward him. Suddenly he heard the roar of the bull, and he saw the bull attacking him. He was a brave man, but he knew the situation was hopeless. In his surprise, he let his machete fall to the ground, next to the rattan. There was no tree nearby to climb, and he was on the edge of a cliff. The bull was upon him. In anguish, he exclaimed: "Have mercy on me, divine Lady of Monserrate!"

Suddenly, all was calm. The bull knelt docilely and even bowed his head toward the ground. He hadn't the slightest intention of harming anyone. In the heavens appeared the image of the Virgin of Monserrate with the Christ Child in her arms. The bull was kneeling, obeying a gesture the Christ Child was making with his hand.

Profoundly impressed and grateful, Giraldo González set out to build a sanctuary on that very spot. The sanctuary was not yet complete when the second miracle occurred. Giraldo had an eight-year-old daughter. One day she disappeared. Her father searched in vain for her for several days. Family and friends assisted the anguished father in the search, and search parties were organized. Finally, after two weeks, when hope was beginning to wane, the little girl was found—healthy, clean, safe, and well fed.

The little girl had sought shelter from the cold and rain in the hollow trunk of a huge tree. But this alone could not explain the good condition she was in. Giraldo asked her: "My dear daughter, weren't you afraid?"

"In the beginning I was, but then the lady came and she stayed with me and consoled me."

"But what did you eat?"

"Oh, the lady brought me fruits and vegetables."

"But, daughter, I don't understand. Who is that woman? What did she look like? Why didn't the rescuers see her?"

"I don't know, but she was so sweet. She had dark skin and her eyes were like black diamonds. She was beautiful."

Giraldo understood that the Virgin of Monserrate had intervened one more time on his behalf, and he dedicated himself with more fervor to her. He finished constructing the sanctuary, and years later when his wife died, he became a priest. As chaplain of the sanctuary, he was able to dedicate himself completely to his protector. She eventually became the patron saint of the village of Hormigueros, which was founded in that place.

For more than 350 years the town of Hormigueros has worshipped the Virgin of Monserrate. The town celebrates its religious holidays[2] during the last days of August and the first week of September. The religious spirit that prevails during these days that the town of Hormigueros honors its Virgin sets an example for the rest of Puerto Rico of how the religious holidays should be celebrated.

Exercises

A. **Answer with a complete sentence.**

1. What did Giraldo González own?
2. Why did he climb one of the knolls?
3. Why was he unaware that the bull was approaching?
4. Why could he do nothing?
5. What did he do?
6. Where did the Virgin appear?
7. Who was in the arms of the Virgin?
8. What did the bull do? Why?

---

[2] All of the cities and towns of Puerto Rico have a special period of celebration each year in which their own patron saint is honored. However, these celebrations have lost much of their religious flavor.

9. How old was Giraldo's daughter?
10. What happened to the daughter?
11. When was she found?
12. In what condition was she found?
13. Where did she sleep?
14. What did she eat?
15. How did Giraldo interpret the situation?
16. What did Giraldo construct? Where?
17. What did he do when his wife died?
18. When are the religious holidays celebrated in Hormigueros?
19. Where is the town of Hormigueros located?
20. What can the traveler see from the main road?

B. **Add the most appropriate word to finish the following sentences.**

1. The _____ included valleys and knolls.
2. Giraldo heard the _____ of the bull.
3. Giraldo was a _____ man.
4. There was no _____ to climb.
5. Giraldo let his _____ fall.
6. The bull had bowed his _____ to the ground.
7. Giraldo started to _____ a sanctuary.
8. Giraldo _____ for the girl for several days.
9. The trunk of the tree was _____.
10. The girl said she was not _____ because the lady consoled her.
11. Those who found her did not _____ the lady.
12. The Virgin of Monserrate _____ on his behalf twice.
13. Giraldo became a priest and _____ of the sanctuary.

The Miracles of Our Lady of Monserrate

14. Hormigueros sets an _____ for the rest of Puerto Rico.

15. A religious _____ prevails during those days.

C. Substitute the words in italics with synonyms from the following list. You may use a word more than once.

beautiful	organized	occurred
big	started	was
very	village	possessed

1. The bull was *huge*.
2. The image is very *pretty*.
3. He was *profoundly* impressed.
4. Groups of rescuers were *formed*.
5. The lady was *gorgeous*.
6. She came to be the patron saint of the *town*.
7. They *began* to construct the sanctuary.
8. He *stood* next to a cliff.
9. He *owned* many plots of land to the southwest.
10. He did not understand what had *happened*.

D. Topic for class discussion or written essay:

Why is conserving (or rejecting) traditions important?

> My soul is shattered
> and my heart is in pieces
> until you are in my arms again
> beautiful girl, my beloved.

5 | The Snake's Curve

*T*he *tranquil city of Guayama, known as the "Witch City," which will be explained in another legend, is located in the south of Puerto Rico.*

To the north, majestic mountains rise in rich tones of green. To the south is the placid, intense blue of the Caribbean Sea with white beaches. The city's clean streets are symmetrical, and the romantic beauty of the city can be seen from a green hilltop. The solemn Catholic church was built in the center of the city in the seventeenth century. Prior to industrialization and economic progress, Guayama was a small town, and everyone knew each other. Although it was a period of difficult economic times, the town was rich in picturesque traditions and social interaction. It was a happy, romantic period, with its serenades, midnight masses, and rosarios de cruz.[1] *In the evening, after the* novena,[2] *the women would gather at their balconies to exchange gossip, and the men gathered in the cafés and the plaza to do the same, although they claimed to be*

---

[1] Popular religious custom held at different homes, in which amateur and/or professional musicians join the town people in singing to the Holy Cross until late at night. This usually takes place during the month of May.
[2] In the Roman Catholic Church, the practicing of the devotions during a nine-day period, usually for some special religious purpose.

discussing politics. Pairs of young lovers would stroll arm in arm around the plaza, seeking out the shadows of a tree to steal a kiss and to dream about the future.

To the south, the town ended with a sinuous road, with curves resembling a slithering snake. That is why the road was called the Snake's Curve. The origin of this road dates back to the time of slavery.

Around 1700, in the fields that border the south of Guayama, the Rodríguez family owned a hacienda. This family also owned slaves, whom they treated with consideration and affection, and the slaves loved and respected the family. On this hacienda lived a pair of lovers, Mercé and Cayo. Everyone knew that they adored each other. The master had given them permission to marry, and the wedding plans had begun.

They were always together, making plans for their wedding and talking about the children they would have and how happy they would be. Cayo loved Mercé profoundly and considered her the most important thing in his life; likewise, Mercé's world revolved around Cayo, who filled every corner of her young soul.

Around that time, the master bought a dozen slaves. In the group was a young mulata,[3] beautiful and voluptuous. Her silky black hair fell to her slender waist and framed her hips. Her provocative walk awakened the passion of even the oldest and most virtuous of men. Cayo also succumbed to the savage beauty of the flirtatious Faní. He began to linger around her, to try to win her over. He loved his Mercé, but Faní perturbed

---

[3] A woman of African and European ancestry.

him. He felt an intense desire to have her, and he besieged her constantly.

Mercé could see that her happiness was slipping out of her hands, and she tried every means possible to keep Cayo from straying. She suffered bitterly to think that she could lose him. She had one recourse, one that went against her Catholic beliefs. But her anguish was stronger than her faith, and she turned to witchcraft.

The witch prepared a potion that consisted of various oils, herbs, leaves, and liquids. In this mixture she placed a piece of female snake skin for nine days. Then she hung it from an anacaguita tree[4] for three days and three nights. On the third night, with a full moon and at the stroke of midnight, she took down the snake skin. Then, chanting and singing in a dialect only she knew, she tied two rag dolls with the snake skin. She then buried the dolls, which represented a man and a woman, under the tree. Mercé witnessed the macabre act, and although terrified, she felt hopeful because the witch had assured her that Cayo would never leave her, for the snake skin would keep him close to her. According to the spell, by the next full moon the couple would be happily married, and the other woman would turn into a snake. She would slither through the forest and never be seen again.

But the witch was old, and sometimes, as in this case, she confused names and people. She had inadvertently buried the dolls with the names of Faní and Cayo.

Mercé awaited anxiously for her beloved, counting the days until the next full moon. Only a few days remained. She prepared her wedding trousseau and announced her wedding to family and friends. Only one more day! The last night of waiting was here. Then she received the terrible news. Cayo and Faní had gotten married that evening in the very church where Mercé had dreamed she and Cayo would leave as husband and wife. Mercé felt her heart breaking into pieces. The pain made her tremble and she ran, ranting and raving, toward the forest.

---

[4] A tree typical of Puerto Rico.

The next day the plantation slaves noted with awe that a new path had been formed on the plain. It had the form of a slithering snake.

No one ever saw Mercé again.

Exercises

A. Answer in a complete sentence.

1. Where is the city of Guayama?
2. What is in the center of the city?
3. In what era did everyone know each other?
4. Where did the women gather?
5. What did they do?
6. Where did the men gather?
7. What did the young people do?
8. What is to the south of the town?
9. When did this legend take place?
10. What family lived on the hacienda?
11. What were the names of the young lovers in the legend?
12. What did they talk about?
13. What did the master purchase?
14. Who was part of the group?
15. What was she like?
16. What did Cayo do?
17. What recourse was left to Mercé?
18. Why did the witch confuse the names and the persons?
19. Who married Cayo?
20. What happened to Mercé?

B. **Which of the following words describe Mercé?**

slave	witch	cruel
old	young	Catholic
in love	superstitious	fearful

Which words describe the Rodríguez family?

honest	considerate	cruel
generous	respected	slave
just	poor	wealthy

C. **Finish the sentences with the appropriate words.**

1. "Majestic" and "rich tones of green" refer to
    a. the houses.
    b. the mountains.
    c. the people.
    d. the beaches.
2. According to legend, the Snake's Curve is the result of
    a. a spell.
    b. an earthquake.
    c. the labor of the slaves.
    d. a natural formation.
3. The men gathered to
    a. discuss politics.
    b. gossip.
    c. stroll around the plaza.
    d. discuss industrialization.

D. **Substitute the words in italics with synonyms from the following list.**

town	gathered	succumbed
difficulties	care for	loved
tranquil	recourse	
virtuous	tried	

1. In the evenings, the men *met* in the cafés.
2. The *city* of Guayama is in the south.
3. It was a period of *problems*.
4. Cayo *adored* Mercé.
5. The ocean looked *placid* from here.
6. She *intended* to keep him at her side.
7. She provoked even the most *well-behaved* men.
8. She told him she did not *like* him.
9. Cayo also *gave in* to her beauty.
10. It was her last *option*.

E. **Topics for class discussion or written essays:**

1. What should a person do when he or she has lost his or her love—cry, or search for a new love?
2. Do witches exist?

> My wife and my horse
> died at the same time.
> Never mind my wife;
> my horse is the one I miss.

6 | The Devil's Sentry Box

The Devil's Sentry Box

Although Coll y Toste wrote a version of this legend, we have deviated from his version a bit to focus instead on the one written by Manuel Fernández Juncos. This great writer was born in Spain in 1846 and arrived in Puerto Rico in 1857. He was a journalist, man of letters, and essayist. He wrote about politics, customs, and history. He wrote prologues and biographies. He was fascinated with the literature of manners, and one of his most important works was Tipos y caracteres puertorriqueños. *One can infer that he is the outsider referred to in the story.*

In the extreme northern part of the San Cristóbal Castle, a small extension of land juts into the ocean. Since they were in the midst of war and unrest, the Spaniards built a sentry box on this extension of land so that enemy ships might be spotted easily on the northern coast near San Juan.

The sentry box was connected to the San Cristóbal Castle by means of an underground passageway. Every two hours, someone was sent to relieve the guard on duty.

For quite some time, everything went well. But one night, when the corporal of the guard arrived with the replacement guard, they found no one. They shouted. They searched. Everything was useless.

Several months passed, and the same thing occurred. This time, the guard's rifle was found inside the sentry box, but no guard. Afterward, two or three more guards disappeared in the same manner. Fear of the unknown spread among the troops, until it was decided that sentries would no longer keep watch in that spot. The passageway to the sentry box was closed off, and from that moment on, it was abandoned. According to popular belief, the devil himself took the unfortunate guards.

Many years later, some peasants were relating this tale to a traveler. Their faces revealed the excitement and horror everyone felt—everyone except an old man who listened with a smirk to their tales, not saying a word. This attitude did not go unnoticed by the traveler. He looked for the old man to ask him the reason for his attitude. Did he not believe in the devil?

At first, the old man was hesitant to talk, but after taking many precautions and verifying the identity of the traveler, he spoke:

"It is not that I don't believe in the devil, sir, but the devil had nothing to do with the disappearance of the guards—at least not with all of them. Allow me to explain. When I was young, I was stationed at San Cristóbal, and I kept guard many times in what we called the sentry box of the sea. It was not pleasant. The place was lonely, cold, damp, and very windy.

"One rainy night, my shift was from eleven to one. I had two brand new cigars that I was anxious to smoke. Although smoking is not allowed while on duty, the temptation was too great. I sat down and tried to light a cigar. At that moment, a stream of water from a wave shot through the sentry window and soaked my tinderbox.

"Frustrated, I started to curse my bad luck, when I noticed a light on the coast to the west of the castle. The light was coming from a hut, and I thought the people living there must be awake, so I could light my cigar there. I calculated that I could get there and back in about ten minutes.

"Without giving it another thought, I headed out toward the light. I arrived at a small store, where I lit my cigar and ordered a shot of brandy. That's when I found out that the store was open because the owner was celebrating the baptism of a little girl. Music was coming from one of the back rooms. Duty called, but before returning to the dark sentry box, I simply had to satisfy my curiosity. I peeked through the door of the room. Such beautiful music! And the girls, good Lord! There was one in particular: a dark-skinned beauty with fiery eyes. I could not keep my eyes off her.

"But I had to return. I made a heroic decision and went back to the door of the store. But it was raining fiercely, and I thought it wise to stay a bit until it let up. So I went back to the dance room with the hopes of talking to the beautiful woman. We had a few dances together, and I was about to declare my love for her when I heard the bells of the castle announce the changing of the guards. I ran out of the store without saying good-bye, but when I got to about 100 meters of the sentry box, I realized that it was too late. The corporal and the soldier who was relieving me were looking for me with lanterns.

"Military law is very strict when it comes to a guard abandoning his post. The penalty is death. I could not return to the castle, and I had to take advantage of the night hours to escape. I ran to the beach, stole a small boat, and finally arrived at this neighborhood where a poor peasant shared his hut with me. I worked a time with him, learned to cultivate the land, and finally acquired my own plot of land so I could build a hut and raise a family. Now here you have me: changed into a simple *jíbaro*.[1]

"So you see, the devil wasn't the only one responsible for what happened to the sentries who disappeared from the Devil's Sentry Box.

"Unless, of course, that beautiful brunette with the fiery eyes was working for the devil."

---

[1] Name given to the Puerto Rican rural dweller. The typical *jíbaro* is considered to embody rural virtues and to stand for what is most authentic in Puerto Rican customs. He has been idealized somewhat as the cowboy and the Southern mountaineer have in the United States.

Exercises

A. Answer in a complete sentence.

1. Where and when was Manuel Fernández Juncos born?
2. When did he arrive in Puerto Rico?
3. What did he write about?
4. What literary genre fascinated him, and what was one of his most famous works?
5. What is to the extreme north of San Cristóbal Castle?
6. Who built the sentry box? Why?
7. How was the sentry box connected to the castle?
8. What happened to the guards stationed at the sentry box?
9. What did the people believe about the disappearance of the soldiers?
10. To whom were the peasants telling the tale?
11. Who listened to their tale in silence?
12. Why did the traveler look for the old man?
13. What did the old man do in his youth?
14. What happened when he was about to light his cigar?
15. Where did he light his cigar?
16. Why was the store open?
17. Why did the man stay in the store longer than he wanted?
18. What happened when he was about to declare his love for the woman?
19. According to military law, what happens to the soldier who abandons his post?
20. What did the man do when he realized he could not return to the castle?

The Devil's Sentry Box

B. Add the most appropriate word or words to finish each sentence.

1. In the extreme northern part of the San Cristóbal Castle, there is a small extension of _____ that juts into the ocean.
2. The Spaniards constructed a _____ on this extension.
3. The sentry box was connected to the San Cristóbal Castle by an _____ passageway.
4. Several _____ disappeared while keeping watch in the sentry box.
5. Finally the _____ that led to the sentry box was abandoned.
6. According to popular belief, the _____ took the unfortunate guards.
7. Some _____ were relating the tale to a traveler.
8. The traveler searched for the _____ so he could explain his attitude.
9. The old man had _____ many times in the sentry box in his youth.
10. The place was _____, cold, humid, and windy.
11. When he tried to light his cigar, a stream of water soaked his _____.
12. He arrived at a _____, where he was able to light his cigar.
13. A heavy _____ was falling.
14. According to military law, abandoning the sentry box is punishable by _____.
15. The old man became a _____ after he had escaped.

C. **Substitute the words in italics with synonyms from the following list.**

frustrated	except	started
manner	pleasant	replace
useless	hut	
poured	belief	

1. The water *streamed* through the window.
2. Every two hours someone was sent to *relieve* the guard.
3. Everything was *in vain*.
4. The place was not *enjoyable*.
5. Two or three more soldiers disappeared in the same *way*.
6. According to popular *opinion*, the devil had taken the guards.
7. Everyone was afraid *but* an old man.
8. *Disgusted*, he began to curse his bad luck.
9. He *began* to declare his love.
10. A poor peasant shared his *home* with me.

D. **Topic for class discussion or written essay:**

Comment on military duty. Did the man do the right thing by deserting?

> I wish I were a decoration
> on your pink apron,
> so I could always be strung
> around your pretty waist.

7 | Cofresí (Part One)

Cofresí (Part One)

*F*or the events of this tale, and for its strict historical facts, we have relied not only on the work of Coll y Toste, but also on the historic novel by Alejandro Tapia y Rivera, entitled simply Cofresí. Tapia was born in San Juan in 1826. He went to Madrid to study, the result of a duel that prompted his exile. In addition to being an accomplished author, he devoted himself to historical research and to teaching. The most famous theater in San Juan bears his name.

At one time, Cofresí's name was feared and respected throughout the southern coasts of western Puerto Rico.

He was pursued at sea by United States warships and on land by Spanish troops.

He was the king of the pirates. We cannot, then, say he was an honorable man, but he possessed character worthy of a better destiny. He was brave, ingenious, talented, and generous—a born leader. He was known as the Puerto Rican Robin Hood, for he shared a great part of his booty with the poor.

In another place and time, he might have been a military hero. But he was a pirate.

The following events occurred toward the end of his career.

He and his crew were on their way out to sea after spending a few days on land, resting and replenishing the provisions. It was nighttime when the swift schooner *Ana* set out. It emerged from its hiding place among the islets that bordered the southern coast of Puerto Rico. Cofresí was chatting with his friend Ricardo, who had taken advantage of his stay on land to be with his sweetheart. Suddenly, a shout was heard: "Ship ahoy!"

Cofresí shouted an order, and the *Ana* changed course to get closer to the other boat. One hour later, at sunrise, the pirates could see more clearly the other boat, which turned out to be Danish. Seeing that it was not a warship, they judged it to be easy prey. They followed it. Suspecting that those on the schooner were pirates, the Danes fled. Nonetheless, they realized there was no escape. The schooner was much swifter than their boat. They had no alternative but to confront the pirates.

Cofresí ordered the captain of the Danish ship to send a boat. This custom of requesting a boat from the captured ship was done for two reasons: first, it reduced the number of men left on board the captured ship, and second, it provided hostages. And since the captured ships were rarely armed, they usually complied with the demand. But this time it was different. Instead of seeing their order carried out, the pirates saw fire coming from an opening in the ship. They heard a thunderous noise and saw a cannonball brush past them. The Danish ship was hiding a cannon!

The cannonball did not hit them, but the pirates were not expecting resistance, and they were frightened. Cofresí had to step in with his authoritative voice to re-establish order. The pirates fired their own weapons and cannon, closing in as quickly as possible to overtake the boat. The Danish crew returned the fire, but they were only able to shoot their cannon once more. The *Ana* was coasting up to the side, and the pirates linked the two boats together with boarding hooks.

Boarding was not easy; the Danish bravely defended their boat. Finally, Cofresí and Ricardo boarded the deck after a period of furious hand-to-hand combat. The other pirates followed, and they were able to take the boat. When the battle ended, a beautiful woman carrying a child in her arms appeared on deck. Cofresí could not prevent the woman from being killed, but he intervened to spare the child's life. The nobility and generosity that characterized Cofresí were not traits shared by the other crew members. Many of the pirates were downright cruel.

In fact, the pirate who killed the woman and one of his companions also wanted to kill Cofresí and Ricardo, so that they might keep the *Ana* and the booty. After loading the booty from the Danish boat and making some repairs on his own schooner, Cofresí took the survivors of the Danish ship, now his prisoners, to an islet close to shore. There he left them with axes and a pair of rifles so they could survive until they were rescued. But he kept the child, whom he allowed to sleep in his own bunk. The next night, one of the would-be mutineers approached Cofresí and raised his dagger to kill him. At that moment, the child, who was having a nightmare, shouted: "Mommy, mommy!" Cofresí awoke, and before the dagger could touch him, he fired a shot that ended the life of his would-be assassin.

The next morning the pirates spotted another vessel. But when they closed in a bit, they could see that it was a U.S. warship, the *Grampus*, sent in search of Cofresí. Cofresí realized he needed to escape immediately. This was not easy; the *Grampus* was much swifter than the *Ana*. But the waters of Puerto Rico were familiar to Cofresí, and he took his schooner into the shallow waters among the islets, where the *Grampus*, due to its large size, dared not follow. Finally, a squall was enough to help the pirates escape from their pursuers.

Exercises

A. Answer in a complete sentence.

1. Where was Tapia born?
2. Why did he go to Madrid?
3. What did he devote himself to?

4. Who was pursuing Cofresí?
5. What was Cofresí known for? Why?
6. What could he have been under different circumstances?
7. When did the events of this story take place?
8. What was the name of Cofresí's schooner?
9. Where was it hidden?
10. What did the pirates see at sunrise?
11. What did the Danes realize?
12. What did Cofresí order the captain of the other ship to do?
13. What did the Danes do in response?
14. Why did the pirates become frightened?
15. Why was boarding the ship difficult?
16. Who appeared on deck during the combat?
17. Why did Cofresí intervene?
18. Why did two of the men want to kill Cofresí?
19. Who saved Cofresí's life? How?
20. Why did the pirates not attack the second boat?

B. **Add the most appropriate word or words to finish each sentence.**

1. His _____ was feared and respected throughout the southern coasts.
2. He possessed _____ worthy of a better destiny.
3. They emerged from their hiding place during the _____.
4. Ricardo saw his _____.
5. The other boat turned out to be _____.
6. The Danes did not _____ with Cofresí's demand.
7. With his _____ voice, Cofresí re-established order.

8. The other pirates _____ Cofresí and Ricardo.
9. The woman carried a _____ in her arms.
10. They left the _____ on an islet.
11. The child was having a _____.
12. The *Grampus* was a ship from the _____.
13. Cofresí sailed his ship toward _____ waters.
14. The *Grampus* dared not follow because of its _____ size.
15. The pirates were able to _____ their pursuers.

C. **Substitute the words in italics with synonyms from the following list.**

assassin	while	dedicated
islands	save	saw
very	swifter	
confronted	shot	

1. At sunrise they *spotted* another boat.
2. They *devoted* themselves to historical research.
3. The *murderer* raised his dagger.
4. They *faced* the pirates.
5. The schooner was *faster* than the warship.
6. Some pirates were *extremely* cruel.
7. They *fired* their weapons.
8. He intervened to *protect* the child.
9. Puerto Rico has many *islets*.
10. They fired their cannon *at the same time that* they tried to board.

D. Topic for class discussion or written essay:

Investigate the lives and deeds of other famous pirates.

> Marry young, child.
> Don't be like the rose
> that passes from hand to hand
> and winds up with the least worthy.

7 | Cofresí (Part Two)

Cofresí (Part Two)

*S*ought by the authorities on account of his crimes, but respected by the people on account of his generosity, Cofresí had found himself the caretaker of a child whose mother had been killed during the seizure of a ship.

One night around eleven, a man knocked at the door of a huge rustic house on the outskirts of the town of Yauco, in southwest Puerto Rico. Despite the fake beard he was wearing as a disguise, he was obviously a young man. The person living in the house took a long time to answer, but he finally did. By the way he dressed, one could tell he was a priest.

"With whom do I have the pleasure?"
"I am a son of the sea, opposed to the laws of man."
"Excuse me, but I do not understand."
"I am what they call a pirate."
"Cofresí! You are Cofresí!"
"I see my name is no mystery to you."
"I just returned from Ponce, where you are the talk of the town. They speak of some sailors you left on an islet, who were rescued by a U.S. warship that trailed you unsuccessfully some days ago. But they say they will continue searching high and low until they find you."

"I imagine so. But they still haven't caught me, eh?"

"One day they will, my son," responded the priest sadly. "But to what do I owe the honor of your visit?"

"I'm delivering these items of jewelry and this money to you. They are for the care of a child that I left with a family I know. His parents died when we captured the boat that everyone is talking about. Father, will you watch over the child for me?"

"My duty is to care for the needy. And you yourself should repent. You should turn your life around."

"It's too late, Father." And without letting the conversation continue, the pirate bid farewell and stole into the night. Father José Antonio was left to reflect, and he understood that the notorious young man had some good in his heart after all.

Two days later, the *Ana* emerged from its hiding place among the islets and set out to sea again. After sailing for some time, a sail was spotted. Getting a closer look, Cofresí exclaimed: "The *Anguila*!"

Cofresí knew the boat. It was similar to his, but bigger and better equipped. It belonged to an acquaintance of his, Juan Pieretti. At one time, Cofresí had tried to buy the boat from Pieretti, but Pieretti would not sell it to him. Cofresí vowed to take it from him by force, and here was his opportunity. The *Anguila* fled toward open sea with the *Ana* trailing behind it, but then the *Anguila* began to slow down. Cofresí was surprised at the apparent calm of the *Anguila*'s crew. They appeared unarmed, and Pieretti was among them. Cofresí shouted: "Here I am, Juan Bautista, ready to take your boat!" Then to his own men: "Get ready to board!"

At that moment, the deck of the *Anguila* filled with armed men who opened fire. At the same time, a gun port opened up to reveal a cannon which, at point-blank range, blasted a hole in the *Ana*'s hull at water level. The *Anguila* had set a trap: it was fully armed! The pirates responded with their own gunfire and their own cannon. But they were no match for the quantity of men they were up against. The crew of the *Anguila* included men trained in war tactics—including some from the *Grampus*—carefully selected for the sole purpose of hunting down Cofresí. The ones handling the cannon were professional artillery men, and they hurled one cannon ball after another toward the *Ana*'s water line. Cofresí soon found he hadn't a chance of winning this battle and he attempted to flee. But the *Ana*, severely damaged in the attack, was sinking. Nevertheless, it was able to get closer to shore, where the pirates jumped into the water to escape. Some were captured, but Cofresí and Ricardo, camouflaged in the branches of the aquatic plants, swam to shore and rested awhile in the forest. After finding food in a store, they parted. Ricardo, who was less known, hoped to find horses for the two of them. However, before Ricardo could return, Cofresí was captured by one of the many troops that were pursuing him. He was wounded as he resisted arrest, and he was easily subdued.

After his wounds healed a bit, Cofresí was transferred to San Juan by a 25-man military escort. Ricardo tried valiantly to rescue his friend, but he paid with his life when a soldier's bullet pierced his heart.

The prisoners arrived in San Juan separately. Cofresí and ten of his comrades were sentenced to death. Father José Antonio arrived in San Juan to accompany the pirates in their final moments, and he was with them as they walked toward the place where they would be executed. Shortly before arriving there, they walked along a road with a view of the sea.

The priest told Cofresí: "Do you see that vessel? The child whose life you saved is aboard that vessel. Two days ago I turned him over to one of his relatives who came to claim him."

Cofresí admired the sea for the last time. In the distance, he saw how the boat sliced gently through the waves.

Roberto Cofresí, along with ten of his mates, was executed by firing squad on March 27, 1825.

Exercises

A. Answer in a complete sentence.

1. How was the man who knocked on the door disguised?
2. Who answered the door?

3. From where did he just return?
4. What did Cofresí give the priest?
5. What did the priest advise Cofresí?
6. What was Cofresí's response?
7. Who was the owner of the *Anguila*?
8. Who was aboard the *Anguila*?
9. What happened to the *Ana*?
10. What did the pirates do to save themselves?
11. Who was not captured?
12. Where were the pirates sentenced?
13. Who accompanied the pirates in their final moments?
14. What did Cofresí see as he admired the sea one last time?
15. When was he executed?

B. **Decide if the following statements are true or false. If a statement is false, change it so it is true.**

1. Cofresí's first name was Ricardo.
2. Cofresí took the child to Yauco.
3. The Danish boat was named the *Grampus*.
4. The priest's name was José Antonio.
5. Cofresí did not win in the battle with the *Ana*.
6. The *Anguila* belonged to Pieretti.
7. Cofresí was captured at sea.
8. José Antonio accompanied Cofresí in his final moments.
9. Cofresí was executed.
10. Ricardo managed to survive.

C. **Identify.**

    Juan Pieretti   *Grampus*
    Alejandro Tapia   *Ana*
    Ricardo

D. **Substitute the words in italics with synonyms from the following list.**

bravely	captured	boats
obtain	jumped	
fight	taken	
flee	friend	

1. He tried to *escape*.
2. They have not *caught* me yet.
3. After his wounds healed, he was *transferred* to San Juan.
4. Ricardo tried *valiantly* to save Cofresí.
5. He could not *battle* against the "Grampus."
6. There are two *vessels* in the port.
7. He hoped to *procure* some horses.
8. They *dove* into the water to save themselves.
9. Ricardo was Cofresí's *comrade*.

E. **Topic for class discussion or written essay:**

    Do a character analysis of Cofresí.

> When I received the note
> that said you no longer loved me,
> even the dog of the house
> looked at me and laughed.

8 | Carabalí

Carabalí

We know that the Indians escaped from forced labor imposed upon them by the Spaniards, or they died trying. To replace these Indians, at the beginning of the seventeenth century, black slaves were introduced in Puerto Rico. The slave trade was a lucrative business for more than two centuries, and there were black slaves in Puerto Rico for more than 300 years. Slaves were used to harvest sugar cane, the country's principal agricultural product. Finally, on March 22, 1873, slavery was abolished. For this reason, March 22 has been declared an official holiday in Puerto Rico.

Evidence shows that laws were severe during the slavery era, not only with regard to slaves, but with free men also. Even they enjoyed few rights.

One of the most famous legends of Coll y Toste, which serves as the basis for the following story, tells how one of these slaves refused to accept his fate.

The workers of the San Blas hacienda, situated in the valley among the mountains south of Arecibo, were excited. Carabalí, the rebellious slave, had escaped for the third time. "Prepare the dogs and the men we need to start the hunt immediately," said the foreman to the overseer. "We've got to kill that black man! His death will serve as a warning to the rest of them!"

So early one clear morning, the men and the dogs of the great San Blas hacienda set out to hunt the man who preferred to die a free man than live as a slave. Meanwhile, in a cave high in the mountains, Carabalí awaited his pursuers. He had escaped the previous night: a cold, foggy, rainy night. With great difficulty, he had climbed the mountain and had reached a cave he was familiar with from a previous escape. Exhausted, he had fallen asleep as soon as he entered the cave. But he knew his pursuers would be there soon, and he was up early, preparing his defense.

With a machete that he had stolen from the hacienda, he cut a bunch of branches to cover the entrance to the cave. Then he built a barricade with them, leaving only a small hole for air and light to pass through. Eating wild fruits, he sat down to wait for his pursuers. He didn't have to wait long. The barking of the dogs told him they were drawing near.

The barking could be heard closer. Suddenly he realized that one of the dogs was already at the mouth of the cave. The dog began to dig and soon opened a bigger hole where he could fit one leg and his whole head. Carabalí hit him hard with his machete, cutting his head off. Then he proceeded to repair the barricade. He was able to kill two more dogs this way. But with the third one, he missed, and the wounded dog ran away, barking, toward the men who were already near the cave.

The men shot their guns, and Carabalí was forced to seek refuge deep within the cave. Arriving at the mouth of the cave, the men tore down the barricade, allowing the dogs to enter and attack the fugitive all at once. Since they couldn't see inside the cave, the men waited outside for the dogs to grab the unfortunate slave. Carabalí, determined to fight until his strength gave out, retreated, defending himself with his machete. Suddenly he felt the earth give way under his feet, and he fell into a deep hole. The dogs barked, frustrated, at the edge of the abyss. Feeling their way along, the men entered the cave to find out what had happened. Believing Carabalí dead, they left, taking with them the dogs that had survived the blows of the African.

But luck, so adverse at times, now smiled upon Carabalí. He had landed in the soft mud of an underground stream and was not hurt. He could see another entrance to the cave, from which the stream trickled out. Without having to look very hard, he found his machete. When he found his way, he discovered that the stream emerged on the other side of the mountain toward the land of another hacienda called San Antonio.

Ravaged by hunger, Carabalí descended toward the San Antonio property to steal some food. With time, he found other escaped slaves, whom he gathered in a troop, and showed them the secret of the cave. They worked to build a better hiding place. They also carved a secret path in stone, which led to a higher part of the cave, where Carabalí had originally entered. From there they could go down to the property of San Blas.

From that moment on, Carabalí's troop limited their raids to the property belonging to San Blas. The cattle disappeared, the fowl disappeared, and one day a foreman was found dead. In vain, soldiers were sent to the cave; no one could uncover Carabalí's secret.

They only found bones; the bones of the animals that Carabalí and his men had eaten. To make matters seem more important, they said that human bones were found there also. They soon began to call the place the Cave of the Dead. With that name, the cave began to inspire fear and superstition.

Unable to provide a logical explanation for what had happened, the people created a supernatural explanation. They said it had to do with the condemned soul of Carabalí, together with a group of evil spirits that came out to take revenge on the owners and foremen of San Blas.

Carabalí himself never did anything to correct this wrong impression.

He believed it was fitting that the white men sometimes were victims of their own superstitions.

Carabalí | **63**

Exercises

A. Answer in a complete sentence.

1. For how long were there black slaves in Puerto Rico?
2. What were they used for?
3. When was slavery abolished in Puerto Rico?
4. Where did Carabalí work?
5. How many times had he escaped?
6. Where did Carabalí hide?
7. How did he fix the entrance?
8. How did Carabalí know that his pursuers were near?
9. How did he defend himself against the dogs?
10. Why did the men not enter the cave?
11. Into what did Carabalí fall?
12. Who comprised Carabalí's troop?
13. What did the soldiers find in the cave?
14. How did the people explain Carabalí's raids?
15. What did Carabalí do to correct this impression?

B. Add the most appropriate word or words to finish each sentence.

1. Carabalí escaped from the _San Blas_ hacienda.
2. He sought refuge in a _cave_ high in the mountains.
3. He did not sleep much, for he knew his _pursuers_ would be there soon.
4. He cut the branches to cover the _entrance to the cave_.
5. He soon heard the _barking_ of the dogs.
6. He killed the first dog by hitting him with his _machete_.

7. The only weapon that Carabalí had was his machete; the men, on the other hand, had __guns__.
8. Carabalí was not hurt when he __fell into a deep hole__.
9. The men believed Carabalí was __dead__.
10. Carabalí discovered that the stream emerged toward the property of the other __hacienda - San Antonio__.
11. He searched for food on the property of __San Antonio__.
12. He showed the other __escaped slaves__ the secret of the cave.
13. Together they carved a secret __path__ in stone.
14. _____ were sent to investigate.
15. The people created a _____ explanation.

C. **Substitute the words in italics with synonyms from the following list. You may use a word or phrase from the list more than once.**

told	prepare	escaped
let him know	cover	very tired
fight	example	higher

1. His death would serve as *warning* for the others.
2. Carabalí was *exhausted*.
3. The barks *warned him* that the pursuers were near.
4. He woke up early to *arrange* his defense.
5. He knew of the cave because he had *fled* before.
6. He began to *conceal* the entrance.
7. Carabalí was determined to *defend himself*.
8. The path led to a *more elevated* site of the cave.
9. The soldiers *reported* what they had found.
10. They *informed* the people that there were human bones.

D. Topic for class discussion or written essay:

Compare the life of slaves in Puerto Rico with that of slaves in the United States.

> Don't fall in love, child,
> with the man whose change can be heard
> jingling in his pocket as he walks.

9 | Lola of America

*P*uerto Rico has given the world many outstanding women, and women play an important role in the social and political life of the island. One woman led her own feminist movement, shining as a poet, as a valiant activist for political freedom, as a faithful and loving wife, and even as a seashell collector (she had accumulated a magnificent collection of conches, and she knew a great deal about them).

She composed the original lyrics of "La Borinqueña," a popular melody whose origins are unknown. For this reason it became the national anthem of Puerto Rico, although the lyrics sung today are different.

When she gave the commencement address at Mayagüez College in 1873 (the same year that slavery was abolished), she was recognized as being the first woman to speak in a public auditorium in Puerto Rico.

The design of the current Puerto Rican flag is due, in great part, to her suggestions.

She dropped out of school at the age of ten, but her daughter, Patria, was the first Puerto Rican woman to earn a doctorate degree.

This woman was Lola Rodríguez de Tió, affectionately known as "Lola of America," born in San Germán on

September 14, 1843, to one of the leading families of the city. The following anecdote clearly demonstrates the character of this great woman.

"Oh, to have that gorgeous head of hair, and that handsome boyfriend, too!"

Lola noted the sarcastic tone in her older sister's voice. She was going to say something, but she bit her tongue. She merely continued brushing her luxurious mane, accompanied by her sisters and her mother in the cool breeze of the balcony of their spacious house in San Germán.

"But of course, Mother!" answered Aurora, the older sister. "Don't you know she's crazy about that young fellow who just arrived from Europe? His name is Bonocio Tió Segarra. The other day as we walked along the sidewalk, we saw him. Lola stared at him with such eyes! And then she told me he would be her boyfriend and her husband. I must admit, he's not a bad choice; he's the best choice in town. Now she just has to wait for him to choose her!" she added mischievously.

"You just wait. That man will be my husband," answered Lola with enthusiasm and anger.

"Enough, already! Lola, that attitude of yours is unbecoming of a girl your age. You must stop that flirting. If not, we are going to have that hair cut off that you so love to flaunt," reprimanded her mother, clearly irritated by now.

Lola said nothing. She thought for a while and then she slowly got up and entered the house.

A while later, she entered the barbershop that her father frequented. She asked the barber to cut off the hair that had caused her mother's reprimand. Shocked by such an unexpected request, the barber refused. Meanwhile, the girl's father entered and, finding out what was going on, asked the girl her reason for such a drastic and absurd decision. He assured her he hadn't the slightest intention of granting her request.

"Mother wants me to have it cut off as punishment. She says that it will put an end to my flirting," answered Lola.

The father hesitated. The request seemed absurd, but the mother no doubt had her reasons. He dared not contradict his wife, for through her veins flowed the blood of a great conquistador.[1] Therefore, with a shaky voice, he told the barber to grant Lola's wish. Perplexed but obedient, the barber cut the abundant mane that had been Lola's crowning glory.

This act did not take long to have grave repercussions. The society of that era did not easily accept such a drastic change in tradition and was scandalized. The mother, embarrassed at the outcome of her unfortunate reprimand, assured everyone that her intention was only to correct the girl. The impulsive girl took matters too far. Now she truly did deserve a punishment. She was locked in her room for several days, partly as punishment, and partly so that she wouldn't be seen in public with that horrible short haircut.

But the punishment could not last forever. One circumstance came to the aid of Lola. The young man who so interested her became a friend of the family, and he invited all of them to a party. The girl's punishment was lifted, and she was able to speak with the owner of her heart.

"But why did you cut your hair, Lola?"

"For you. My sisters told my mother that I was in love with you, and Mother threatened to cut my hair. So I had it cut myself."

"Is that so? I mean, are you really in love with me?"

"Yes. I have said that if I marry, it will be to you."

Bonocio could not help but feel great affection for this strong-willed child who had sacrificed so much to defend her love for him. Not much time passed before they formalized their relationship, and they married a short time later. She was barely an adolescent and he was ten years her senior.

---

[1] Lola's mother was a descendant of Ponce de León.

They spent a happy and memorable honeymoon in Paris, and they were inseparable companions through troubled times, until he died in 1905.

And what of Lola's hair? Well, she never did let it grow back. It seems she loved the comfort and convenience of having short hair, and the good-hearted Bonocio, recalling the reason she wore it short, gladly consented to his wife's whim.

In conclusion, we include a lovely poem that she wrote at the end of her life in memory of her husband and dedicated to a relative who was a politician:

Autumn Scenery

—To Alberto Malaret y Tió

Dear Autumn scenery, melancholy and soft,
You have the beauty of the setting sun
and the gold of an illusion, and the infinite blue
of the heaven of the soul that is called love.
Dear Autumn scenery, silent and asleep,
bathed in reflections of evening light,
Let me sing to you, let me sigh
with the same sadness as does the sea.
You have the enchantment, you have the tenderness
of all that my loving heart dreams of;
you evoke the memory of all that is lost
and you make me feel the sorrow of an intense pain.

Lola Rodríguez de Tió

Exercises

A. **Answer in a complete sentence.**

1. What was the name of Lola's older sister?
2. What was the name of the young man that Lola liked?
3. Where was he from?

4. Why did the mother want to cut Lola's hair?
5. What did Lola ask the barber to do?
6. Why did the barber deny the request?
7. Who arrived at the barbershop?
8. What did the father think of the request?
9. Why did he tell the barber to grant the request?
10. How did the mother feel when she saw the outcome of her reprimand?
11. Why was Lola locked in her room?
12. What circumstance came to the aid of Lola?
13. Who became a friend of the family?
14. What did Bonocio feel toward Lola?
15. How much time passed before they formalized their relationship?
16. How much older was Bonocio than Lola?
17. Where did they spend their honeymoon?
18. When did he die?
19. Why did Lola never let her hair grow again?
20. Why did Bonocio consent to his wife's whim?

B. Finish each sentence with the appropriate word.

1. Lola noted the _____ tone in her older sister's voice.
2. She continued brushing her _____ mane.
3. Aurora had to _____ that Lola had not made a bad choice.
4. Lola's _____ was unbecoming of a girl her age.
5. The mother wanted Lola to stop _____.
6. Lola entered the _____ frequented by her father.

7. The father hesitated because the _____ seemed absurd.
8. The barber was _____, but he obeyed.
9. Society was _____ by the matter.
10. The _____ girl took matters too far.
11. Lola was able to _____ with the owner of her heart.
12. In a short time, Lola and Bonocio _____ their relationship.
13. Their honeymoon was happy and _____.
14. Through _____ times they were inseparable.
15. Bonocio accepted the _____ of his wife.

C. **Substitute the words in italics with synonyms from the following list. Change the forms of verbs when necessary.**

choose	keep on	famous
scare	obtain	calmly
announce	love	
talk	enthusiasm	

1. They are *well-known* women.
2. They *stated publicly* that they were throwing a party.
3. She *earned* a doctorate degree.
4. She *spoke* before an auditorium full of people.
5. She said it with much *force*.
6. He has not *picked* her.
7. She *very much liked* to flaunt her hair.
8. She was *frightened*.
9. She *continued* staring at him.
10. She got up *tranquilly*.

D. Write complete sentences regarding four of Lola's extraordinary accomplishments.

E. Topic for class discussion or written essay:

Would Lola be considered a feminist today? Why or why not?

> If you love me, let me warn you
> I am the jealous type
> and in some instances,
> scrupulous.

10 | Elena of the Holy Mountain

This legend takes place in a town in southeast Puerto Rico, among the mountains. It is said that Elena arrived in San Lorenzo right after a tropical storm. Tropical storms and hurricanes have always been the cause of worry among the inhabitants of Puerto Rico since the days of the Tainos until now, and some of these storms have caused great damage, provoking floods and leaving many people homeless.

We owe much of the information about Elena to San Lorenzo's teacher, Carmen Julia Vázquez de Santiago. She says in her report about Elena that "several country peasants heard the story, and they in turn related the story to me, and I am telling the story to you. You will then pass it on to others."

And that is precisely what we are doing.

Who was Elena really?

She first appeared in San Lorenzo around 1900, immediately after a tropical storm. She stayed to help the victims, then left to live alone on a mountain. But this does not mean she stopped caring for the people. Quite the opposite: she gathered the little girls to form a choir and gathered the older people to listen to their problems and give them advice. She even gathered the animals. She once gathered together all the dogs in the neighborhood and served them dinner as though they were people. They all ate together, behaving like well-mannered people.

Elena was pretty, tall, and slender. She had long hair and wore a long-sleeved suit with a raised collar. Some say she survived on sour oranges and lemons, yet she was not lacking in strength. When she spoke from her "little rostrum in the holy mountain," her penetrating voice could be heard throughout the region. She sometimes ventured down into the village. Wherever she went, she was accompanied by the little girls and the simple people who loved her. They affectionately called her "our mother."

Once when she went into town, Juancho, the handsome guy of the neighborhood, started to make fun of her.

"There goes the witch with her little witches in tow. Those imbeciles will believe anything, but she won't make a fool out of me!"

Elena remained silent. She continued on her way, asking God's forgiveness for Juancho. The next time Juancho saw Elena, he knelt before her to plead forgiveness. His farm was burning down. Juancho understood this to be a punishment from God.

The peasants sometimes carried Elena on their shoulders. One day, they arrived at a river and someone exclaimed:

"Our mother, we cannot cross."

"I think we can. Right through here."

The water barely wet their feet at the spot where Elena had indicated.

But where was Elena from? The humble peasants of San Lorenzo never knew for sure. Some said she appeared out of nowhere. Others said she arrived at the island from a faraway place, by walking on the waves of the sea. The least fantastic version says that she belonged to an order of Spanish nuns who lived in San Juan when the Americans arrived. At that time, the religious community broke up, and the nuns dedicated themselves to performing good deeds in different parts of the island.

An old woman remembered Elena as a prophet. Among her prophecies, she recalls the following:

"The day will come when people will fly through the air."

"Men will roam the earth more swiftly than the animals."

"Be horrified when a road crosses the mountain."

"We will see the water babbling in the rivers, and we will not be able to drink it."

(We can assume that Elena would not have a very favorable opinion of the new four-lane highway that crosses the mountains from San Juan to Ponce. Might that be the road to which she refers? And we must accept that the factories have contaminated the rivers in many places.)

She loved music. Not only did she form a choir with the neighborhood girls, but she also played the cuatro.[1] She played heavenly music, according to the old peasants of the area.

One night, Elena locked herself in her hut and was never seen again. The next day, some people said they spotted blood near her hut. The truth is that her death was never explained, and no one knows where she is buried.

But the peasants of the area take care of the place where she lived. A rustic chapel, which still stands today, was erected in her memory. Once a year, during Holy Week, a town priest offers a mass there. She has not been canonized,[2] so it would be incorrect to call her a saint. But to the peasants who have kept the tradition alive, and for whom she was "our mother," she will always be "Saint Elena."

---

[1] A typical Puerto Rican musical instrument similar to the guitar.
[2] Officially recognized as a saint by the Roman Catholic Church.

Exercises

A. Answer in a complete sentence.

1. When did Elena first appear in San Lorenzo?
2. Where did she come from?
3. What did she do when she arrived?
4. What happened when she gathered together all the dogs?
5. What did Elena eat?
6. What did the people of San Lorenzo call her?
7. Who accompanied her always?
8. Who made fun of her?
9. How did Elena answer?
10. Who did good deeds throughout the island?
11. According to Elena, when should we be horrified?
12. What would happen to the rivers?
13. How did Elena demonstrate her love of music?
14. How did she die?
15. What did the peasants of the region do?

B. Complete each sentence with the most appropriate word.

1. Tropical _____ have been a cause of worry.
2. Some hurricanes have caused great _____.
3. She gathered the little girls to form a _____.
4. Elena was tall and _____.
5. Juancho was the _____ guy of the neighborhood.
6. The peasants carried her on their _____.
7. They crossed the river where Elena had _____.
8. Elena might have _____ to an order of Spanish nuns.

9. Elena was also a _____.
10. She would not have a favorable opinion of the new _____.
11. The old peasants affirmed that she played _____ music.
12. The _____ have contaminated the rivers.
13. She _____ herself in her hut.
14. The _____ says mass there.
15. Elena has not been _____, so she cannot be called "saint."

C. Substitute the words in italics with synonyms from the following list. Change verbs to the appropriate form when necessary.

fascinate	provoke	recall
erect	survive	preoccupation
break up	offer	
about	but	

1. The storms have been a cause of *worry*.
2. She *lived* by eating only fruit.
3. We do not have many facts *regarding* Elena.
4. The religious community *ceased to exist*.
5. The old woman *remembered* Elena as a prophet.
6. The tropical storm *caused* floods.
7. She ate very little, *yet* she was still strong.
8. She was *enchanted* by music.
9. A chapel was *built* in her memory.
10. The priest still *says* mass there.

D. Topics for class discussion or written essays:

1. Compare Lola and Elena.
2. Juancho's attitude: How can his initial aggression be explained?

E. Riddle

> A slender lady
> of deathly pallor
> who becomes joyful and alive
> when she is about to be burned.
>
> What is it?

> > Singing, I forget my worries
> > when I go to sea;
> > worries come and go
> > but I never return.

(the candle)

11 | Esperanza

In Puerto Rico, an ambiguous attitude toward dogs exists. On the one hand, many people love them dearly, and they are welcome in many places. But some

people are afraid of them, sometimes exaggeratedly so. This attitude emerged because the Spaniards often used dogs to hunt the Indians. One of Coll y Toste's stories tells of the most famous dog, Becerrillo. This fierce and brave dog died defending his master during an attack from the Caribs.

On a beach in the city of San Juan, a dog made of stone faces out to sea. This old statue has inspired two legends that illustrate the attitude previously mentioned. One of these legends tells of a Taino who, pursued by a Spaniard's dog, begs Yucajú to save him. That very instant, the dog turns to stone. The other legend is the one we are going to narrate here.

It is said that a dog is man's best friend, and many stories attest to that. No other story speaks more highly of the great love and loyalty these noble creatures have for their masters than this one.

During the time in which industry and economic progress had not yet reached the island, many humble people made their living by fishing. Every day before sunrise, they set out in their battered boats to try their luck at sea. For those poor fishermen there were no vacations, Sundays, or holidays (except for Good Friday: that day was sacred and no one fished).

One of these fishermen was named Miguel. He lived in a hut in a suburb of San Juan. He preferred to set out in his boat from the northern coast, at a spot in front of the bridge that joins the County and San Juan. No one else used that place, for it was considered dangerous. The waves crashed fiercely against the large rocks surrounding the beach. But brave Miguel liked this site because it was teeming with fish, and he enjoyed the peace and tranquility. He liked to be alone to think of his beloved Amalia, his deceased wife. When she died, she had left him a faithful dog to console him. The animal accompanied him every morning to the beach and happily waited for him every evening when he returned in his boat. Miguel talked with the animal, his only friend.

"Today was a good day; the fish were biting."

The animal seemed to understand and acted happy, licking his master's hand.

"Today I didn't catch a thing."

"The fish weren't biting much today. All I caught were these little sardines."

And so it was day after day; the man and the beast understood each other and shared their lives. At night the animal slept at his master's side, keeping vigil.

"I am sick, my friend. My head hurts and I have a fever," said Miguel one day when he returned. The dog felt sad. He followed his master to the hut, where Miguel threw himself on the cot. That whole night, the fever made the master delirious. The dog did not leave his side even for a moment. He licked Miguel's hands and forehead, trying to cool him off from the feverish heat. Miguel remained like this for two days. And during all this time, the dog did not abandon him even to eat.

On the third day, the fever broke and Miguel recuperated little by little until everything returned to normal.

One day, several months later, the day dawned with a very stormy sea. The sky was cloudy and a strong wind blew. Everything indicated that a storm was brewing. Miguel knew it was not a good day to head out to sea. But he thought that if he didn't go fishing, he wouldn't eat and neither would the dog. His supplies had run out the day before, the fish had not been biting, and he had no money. He had to work; besides, he was brave and skilled with his boat. The dog was uneasy.

"Don't worry, my friend. I will be back as soon as I have caught enough fish for us to eat," said Miguel, trying to pacify the worried animal.

The dog watched from the shore as his master sailed out to sea. The dog remained there until the boat disappeared in the distance. He sat down on the beach to await his return. He was there all day, looking at the same point in the distance. He felt sad. As the storm drew near, the sea became more choppy. Neither the strong rains, heavy winds, cold, nor hunger could make the dog leave the beach. He was waiting for his master, his friend. He waited all day, all night, and the whole next day. He never lost hope of seeing his master again.

Miguel never returned; he remained at sea. The dog never left the beach. He can still be seen sitting, staring out to sea. The night had turned him to stone.

Exercises

A. Answer in a complete sentence.

1. At what time did the fishermen set out?
2. What day was sacred?
3. With whom did Miguel set out to fish?
4. From which point on the island did Miguel like to leave?
5. Why did Miguel like that site?

6. How many fishermen used that place?
7. Where did the dog go every morning?
8. Who waited for Miguel when he returned from a day at sea?
9. Where did the dog sleep?
10. What illness came over Miguel?
11. How many days was he ill?
12. During this time, what did the dog do?
13. Why did Miguel set out during a stormy day?
14. How did the dog feel?
15. What happened to the dog when Miguel did not return?

B. Add the appropriate word or words to finish each sentence.

1. This story takes place in _____.
2. Miguel lived in a _____.
3. His deceased wife was named _____.
4. Miguel was _____ because he fished where no one else dared.
5. Today was a good day because the fish were _____.
6. The man and the beast _____ each other.
7. The dog _____ his master's hands and forehead.
8. On the third day, the fever _____.
9. Everything returned to _____.
10. If he didn't fish, they wouldn't _____.
11. Miguel tried to _____ the worried animal.
12. Miguel remained at _____ and never returned.
13. The dog did not abandon the _____.
14. He never lost _____ of seeing his master agàin.
15. The night had turned him to _____.

C. **Underline the words that describe the dog.**

fierce   intelligent
loyal   tame
wild   obedient
good friend

Underline the words that describe Miguel.

kind   proud
happy   brave
wealthy   joker
humble

D. **Substitute the words in italics with synonyms from the list. Verbs may need to be changed to the correct form. Words may be used more than once.**

enjoy   stay   separate
die   talk   near
change   abandon   fever

1. The storm was drawing *close*.
2. His wife had just *passed away*.
3. They *liked* the peace and tranquility.
4. He had a high *temperature*.
5. The night had *turned* him to stone.
6. The dog *remained* on the beach.
7. The dog did not *leave* him even to eat.
8. Miguel *loved* the company of his dog.
9. He *conversed* with the dog.
10. The dog never *moved far* from his side.

E. Topic for class discussion or written essay:

In what other stories in this book have dogs appeared? Are they friends or enemies?

> I love you more than life itself,
> more than my father and mother,
> and if it weren't a sin,
> more than the Virgin of Carmen.

12 | Guayama, Witch City

Guayama, Witch City

We have already mentioned that Guayama is known as the "Witch City." Mr. Adolfo Porrata Doria, a native-born Guayaman, thoroughly investigated the history of his native town, and he wrote about the origin of the town's nickname in *Guayama: Sus hombres y sus instituciones.*

We have read chronicles, documents, newspapers, magazines—any information we could find about our city—and not once have we found anything, dating from the beginning of the twentieth century, that identifies this city as the *Witch City*. For more than thirty years we have posed this question: Since when did Guayama come to be known as the Witch City, and why? We have spoken to a great number of people born in the latter half of the nineteenth century, and no one remembers having heard of this nickname applied to our town. They do recall that the sorcerers or so-called witch doctors of this area were famous and very popular throughout the whole jurisdiction.

From what we have been able to discern, it wasn't until the 1920s that the nickname "Witch City" became popular. Our baseball teams competed against others from various towns.

When they played here, the fans of Guayama used to take lit candles to the ball park. They also carried the leaves of a native-grown bushy plant commonly known as "witch." The idea was to impress the opponent with our "divine powers," while asking for protection and luck for the home team. We witnessed these events, as leaves or plants of "witch" were strung along the posts and wires of the ball park, and everyone bragged about the plant's powers. Since this plant thrives in humidity, it stayed fresh for a long time. The rivals were threatened with having spells cast upon them. Everything was done in fun. From what we can tell, the town has had the nickname since then. It has stuck, like a label, to the natives of this town, and they wear it proudly.

We are going to relate an incident that occurred around the 1939–1940 baseball season. The Guayama baseball team was playing against Ponce, in our park. The pitcher for the home team was the famous and extraordinary Leroy (Satchel) Paige, shining star of American baseball. In the fifth inning, the scoreboard read six to zero, in favor of Guayama. Paige was always very superstitious, and he believed in spiritual influences. He bathed frequently with aromatic plants and received massages designed to ward off evil spirits. That day, he was playing like in his heyday. No one had hit any of his pitches. Someone from Ponce who knew how superstitious Paige was had approached him toward the end of the fifth inning. After congratulating him, he told him that he had seen the ghost of *Moncho el Brujo*[1] standing near the pitcher's mound as Paige was pitching. Paige was struck silent; he couldn't utter a word or make a move. He headed toward the locker room, showered, got dressed, and went home. Nothing could make him change his mind. He gave no explanation. He only said he did not want to continue playing. Guayama lost the game.

---

[1] An outstanding semi-professional baseball player who had played on the Guayama team.

Exercises

A. Answer in a complete sentence.

1. Where is the writer of this story from?
2. With whom had he spoken?
3. What is it that no one can remember?
4. What is it that they do remember?
5. Around what time did the nickname "Witch City" come to be used?
6. What did the Guayama baseball fans take to the ball park? Why?
7. What did they brag about?
8. How do natives of Guayama feel about the town's nickname?
9. Who was the Guayama team playing against?
10. Who was pitching for Guayama?
11. What was the score at the end of the fifth inning?
12. What did Paige believe in?
13. Who approached him toward the end of the fifth inning?
14. What did he say?
15. Where was *Moncho el Brujo* standing?
16. What did Paige answer?
17. Where did he go?
18. What explanation did he give?
19. Which team lost?
20. When did the game take place?

B. Add the appropriate word to finish each sentence.

1. We have _____ newspapers and documents, looking for information about our city.

2. It has had this nickname since the beginning of the twentieth _____.
3. The witch doctors of this city are _____ throughout the jurisdiction.
4. The _____ teams played against other towns.
5. The fans wanted to _____ the opponent.
6. They asked for _____ for the home team.
7. The plant _____ in humidity.
8. They threatened the _____ with spells.
9. The name has _____ since then.
10. Today, the natives of Guayama wear this label with _____.
11. The other team came from _____.
12. _____ was winning in the fifth inning.
13. Paige was playing like in his _____.
14. He would not _____ his mind.
15. For this reason, Guayama _____ the game.

C. **Substitute the words in italics with synonyms from the following list. Some words may need to be changed to the appropriate form.**

wash	remember	opponent
plead	continue	means
fan	change	
different	mute	

1. The enthusiastic *supporters* liked to take lit candles.
2. They *recall* those times.
3. Paige was struck *silent*.
4. They came from *various* towns.
5. There was no *way* to make him *vary* his attitude.

6. He did not want to *keep on* playing.
7. They threatened their *rivals*.
8. They *asked* for protection for the local player.
9. He *bathed* with aromatic plants.

D. Topic for class discussion or written essay:

How some characters in this book became victims of superstition, or how they used superstition or false ideas from other people to benefit themselves. Consider, for example, the case of the Tainos (*The Death of Salcedo*), of Carabalí, and the watch guard of *The Devil's Sentry Box*.

> Dove, give me your hand
> and guide me up to your nest,
> for I have been told you're alone
> and I am here to keep you company.

13 | The Miraculous Well

The Miraculous Well

A phenomenon known in Catholic countries is that of the apparition of the Virgin. Sometimes such apparitions are linked to a well, whose water supposedly then possesses healing powers. It is also rather common for children—whose faith may be simpler and purer— to be the first ones, or the only ones, to see the apparition.

It is a warm summer holiday, near the town of Sábana Grande in southwest Puerto Rico, where the Virgin appeared in 1953. Many people are gathered here. By a cavern closed off by a concrete construction, there are many crutches belonging to people who used to be lame. These people swear they have been cured by water from the well. The many letters pinned on the wall also give testimony to these miracles.

Today, people are lining up for some of the miraculous water. All kinds of containers are used. The most common ones are made of plastic: empty bottles of cooking oil, of cleaning solution, or of liquid used to "give new life" to car batteries. But people also use bigger bottles, thermoses, and even a beautiful green bottle which once contained a very fine gin, called upon today to serve a more noble purpose.

Two signs are posted near the well. One says "This is not a playground. This is sacred ground." The truth is that besides being a sacred area, this is a refreshing and pleasant place. The other sign says "Please do not allow your children to throw mango peels on the ground. Avoid falls." Those unfamiliar with the delicious mango of Puerto Rico should know that its peel is as slippery as the banana's. Of course, the well water is able to cure the wounds of those who fall, but it is best not to tempt God. Better to prevent than to cure.

A man in a brand-new red suit has brought a group of believers on a bus all the way from Ponce. In front of an image of the Virgin, he leads them in song. His group attracts more people. Seeing himself surrounded by others who are not part of his original group, he proclaims that he is a healer by profession, and he answers questions. "But I don't help the machos who only want to get the girls. No, ma'am, no. I am not a spiritualist. I am Catholic."

Small birdhouses have been built for the many doves that fill the air with their sweet lulling song. There is a chapel, where mass is said every Sunday at three o'clock, and a little store where soft drinks and souvenirs are sold.

* * *

It was an afternoon in April of 1953, in the small rural school called Lola Rodríguez de Tió, close to the town of Sábana Grande. The schoolchildren, instead of being tired after a long day, were excited and jittery.

"But Ángel, how can you say that you saw the Virgin by the well?"

"It's true, Miss. I saw her! She told me that she was going to bless the water in the well to cure the sick."

"Let's go to the well! Let's go see the Virgin!" yelled the other children.

For a moment, the teacher considered the possibility of punishing Ángel and the other children that had gone along with Ángel's disturbance. But then she changed her mind. Few things ever occurred to break the monotony of an afternoon in a rural school. So, her own curiosity piqued, she finally said:

"Fine, children. You can go. But don't take too long. Come back quickly."

Arriving at the well after the children, the teacher did not notice anything extraordinary. She was impressed by the children's attitude, some of whom were practically hypnotized, their eyes fixed on the well. It was useless to try to resume classes. So the children were dismissed a little earlier than usual.

The news spread like wildfire throughout the town. The children became the center of attention. The parson of the church in Sábana Grande did not know what to think. Without proof, he hesitated to accept what the children said. On the other hand, he didn't want to squelch the people's simple faith with his skepticism.

For with each passing day, the number of people visiting the well increased, some guided by mere curiosity, while others who were sick visited the well in the hope of being cured. These were the first to attest to the miraculous cures.

At the same time, the schoolchildren also had news. Several affirmed having seen the Virgin again. She had told them that she would appear again on May 25, at eleven in the morning, and that before everyone, she would perform a new miracle.

The news agencies were of course interested in the matter. One of the larger radio stations in San Juan sent a crew to set up camp near the well, and it sent a reporter to find out if there was any truth to the story. This reporter's testimony can be read today, stuck to the wall, together with all the other letters and crutches and other artifacts belonging to the sick and the lame who had been cured by the water of the well.

On the eve of May 25, people were arriving from all over. They camped out in the open air, to be near the well. On the dawn of May 25, all the surrounding hills were full of people. Everyone wanted to be as close as possible. Nonetheless, people were willing to give up their space so that the sick and the lame could reach the edge of the well.

The people waited. Eleven o'clock was drawing near. Suddenly, a dense cloud hovered over the well. Those closest to the well could see the image of the Virgin appear in the cloud. This Virgin came to be known as the "Virgin of the Rosary." Among those who were closest was a lame woman who could walk only with the aid of some heavy orthopedic devices. One of the schoolchildren was also there. The child said:

"Ma'am, you may remove those braces. You no longer need them. The Virgin says you are healed."

The woman did what the child instructed, discovering, to her immense relief, that she could move freely. Afterward, kneeling with everyone else, she gave thanks to the Virgin for the miracle.

To this day, people travel to the well to fill all kinds of containers with the miraculous water. And the crutches, which people no longer need, keep accumulating.

Exercises

A. Answer in a complete sentence.

1. How were the children in the school behaving?
2. What did the Virgin tell Ángel?
3. Where did the children want to go?
4. Why did the teacher not punish the children?
5. Why was the teacher impressed?
6. Why did the people go to the well?
7. What did the Virgin promise the children?
8. Who arrived from San Juan?
9. Who camped out in the open air?
10. What did they see at eleven o'clock?
11. Who was cured?
12. What did she do afterward?
13. Why do people line up today?
14. What can be seen on the walls?
15. What can be seen flying around the area?

B. **Add the most appropriate word to finish each sentence.**

1. The letters also give testimony to the _____.
2. The _____ made of plastic are most common.
3. There are two _____ near the well.
4. The site is _____ and pleasant.
5. Mango _____ is very slippery.
6. It is better to _____ than to cure.
7. The man came on bus all the way from _____.
8. He says he is not a _____.
9. Special _____ have been built for the doves.
10. Mass is _____ at three o'clock.
11. Soft drinks and _____ are sold in the little store.
12. The well is near a small rural _____.
13. The radio station sent a _____ to the well.
14. The lame people left their _____ because they no longer needed them.
15. The woman _____ to give thanks to the Virgin.

C. **Substitute the words in italics with synonyms from the following list. Change the forms of words when necessary.**

seem	cure	eve of
rely	resume	again
delay	affirm	
apart from	truth	

1. She had to *depend* on crutches to walk.
2. The children did not *look* tired.
3. They did not *take long*.
4. She had told them she would appear *one more time* on May 25.

5. The sick were *made better* with the water.
6. The *night before* the 25th, people came from all around.
7. She could not *begin* classes again.
8. The reporter wanted to investigate the *facts* of the matter.
9. They *declare* that they have seen the Virgin.
10. *Besides* being a sacred place, it is an interesting place.

D. **Topic for class discussion or written essay:**

Comment on the power of faith. If you were a doctor, would you recommend the well water to your patients?

>Sighs that come from me
>and others that come from you,
>If they meet along the way,
>oh, the things they would say!

14 | The Specter

The Specter

Those who live in Bajo de Patillas, a rural neighborhood close to the town of Patillas, insist that this is a true story. One of the authors has interviewed students who claim to have seen the specter. We still do not dare travel by night to that place to confirm the existence of this apparition.

"Can you take me to town? I need to get to the church."

Those were the words of a young woman of about 25 years, of fair complexion and long, dark, flowing hair. She wore a simple outfit, a bit outdated. She was standing at the edge of the road that led to town. She had flagged down a passing car.

The driver, a man of about 30 years, stopped, surprised, when he saw a woman alone on a road at night. His first thought was that this might be an emergency.

"With pleasure, miss. Please get in."

The woman got in the car.

The driver tried to strike up a conversation with her:

"Is something wrong, miss?"

"I have to get to the church," she answered.

"Is someone in your family dying, and you are going to get the priest? Or do you need a doctor? I would be glad to help you."

"I have to get to the church," she repeated.

The driver, realizing this was not an emergency, thought this might be an excellent opportunity to try and have a good time with the young woman. He immediately turned on the charm, certain he could not fail to win her over.

"What's your name?"

"Rosa."

"Ah, Rosita, a fitting name for you, since you are as beautiful as a flower. What's a pretty girl like you doing alone this hour of the night?"

The girl did not respond.

"You are alone because you want to be. I imagine you have many suitors. My name is José, and I would like to get to know you. Would you like to go somewhere for a cup of coffee or something? I know of a place nearby."

The girl did not respond.

José thought she was trying to seem mysterious and intriguing. This attitude encouraged him to continue his pursuit. He laid his hand on Rosa's. He noticed her hand was a bit cold. "It must be the chill of the night," he thought.

The girl did not pull her hand away.

"I have to get to the church," she repeated.

"Look, I'll drive you to the church. You do what you have to do. I'll wait for you, and then you and I can go out for a soft drink. What do you say?"

The girl did not respond.

José assumed that "he who remains silent gives consent," and that Rosa had agreed. In his mind, he was already kissing Rosa's appetizing mouth. He headed toward town, making light-hearted conversation. Rosa stared forward, silent, rapt in her thoughts. She had let him caress her hand. When they got to town and were nearing the church, José slowed down and, casting Rosa a romantic look, he reminded her that he would wait for her at the door of the church.

Suddenly, the girl disappeared right before his eyes! José was struck dumb. He stopped the car and got out to search for Rosa. He thought the door might have accidentally flown open and Rosa had fallen out, hurting herself. He looked everywhere, inside and out of the car; he called to her; he searched all around. Nothing. Rosa had disappeared. He went to the church. It was closed and not a soul was in sight.

"Where could she be?" José wondered. "I don't understand."

He looked everywhere for Rosa. Suddenly, he saw a white figure emerge from the church, passing through the enormous wooden door that was closed. He could not believe his eyes! He looked closely and confirmed that it was indeed Rosa; she was walking toward the field, her feet never touching the ground.

José was overcome with horror. For a few moments, he was paralyzed. He wanted to scream, but his throat would emit no sound. He wanted to run, but his feet would not move. When Rosa disappeared from sight, José was able to collect himself, and off he ran, screaming like a madman.

"Aaagh! A ghost, a spirit! I talked to a spirit! I touched a spirit!"

Two days later, José awoke in a hospital. He had suffered high fever, convulsions, and chills, brought on by the horror. Some policemen had found him, running and screaming through the streets of the town. They had taken him to the hospital, and from what he was babbling in his delirium, they were able to understand what had happened to José. He had been the victim of "The Specter."

That's what they called the spirit that appeared some nights on the roadway, hitchhiking her way to the Catholic church in town. They explained to José that Rosa had been struck by a car at the same spot on the road where José had found her. The accident had occurred the night before her wedding. She was on her way to the church for the rehearsal, where her fiancé was waiting for her. Since then, Rosa returns occasionally from the land of the spirits to attend the event she missed. Drivers who are familiar with the story do not stop when they see a woman asking for a ride.

Needless to say, José has never again driven on that road, day or night, nor has he picked up any more female hitchhikers, young or old.

Song of the Specter

I

To this sad town
 of barren streets
 and beautiful beaches
I have come to think of you.

II

To think of days gone by,
 of those days
 when I was yours
 and I slept in your arms.

III

To think of those days that were
 as beautiful as these beaches;
And to think of these days that are
 as barren as those streets.

Adela Martínez-Santiago

Exercises

A. **Answer in a complete sentence.**

1. When did José find Rosa?
2. Who was with her?
3. Where did she want to go?
4. What was the first thing that crossed José's mind when he picked her up?
5. What did he think afterward?
6. Where did he invite Rosa? For what?
7. How was Rosa dressed?
8. What did José assume when Rosa did not respond?
9. When Rosa disappeared, what did José do?

10. Where was Rosa headed when José saw her for the last time?
11. Why was José filled with horror?
12. Where did he have to be taken?
13. What did they explain to José?
14. When did Rosa's accident occur?
15. Why does she occasionally return from the land of the spirits?

B. Are the following statements true or false? If a statement is false, change it to make it true.

1. José was about 30 years old.
2. Rosa had a fair complexion and short hair.
3. José struck Rosa with his car.
4. José wanted to take Rosa to the hospital.
5. Rosa died of a broken heart.
6. Rosa allowed her hand to be caressed.
7. José awoke in his house.
8. Rosa died the day of her wedding.
9. Her fiancé was waiting for her to come to the rehearsal.
10. The "Song of the Specter" could be dedicated to José.

C. Using five adjectives, describe José's physical and emotional state when he found out a ghost had ridden in his car.

D. In one or two sentences, describe how you would feel if you ran into the Specter.

E. Substitute the words in italics with synonyms from the following list. Change the form of a word if necessary.

watch	respond	suddenly
discover	repeat	immediately
strike up	emergency	
mysterious	sometimes	

1. The driver tried to *start* a conversation with her.
2. He *soon* turned on the charm.
3. He *realized* this was not an emergency.
4. He *looked* and confirmed that it was indeed Rosa.
5. The young woman did not *answer.*
6. She *said again* that she had to get to the church.
7. He knew she was a *strange* girl.
8. It was not a *serious situation.*
9. She disappeared *unexpectedly.*
10. *Once in a while* she returns from the land of the spirits.

F. Topic for class discussion or written essay:

Tell or write your favorite ghost story. Do you think the spirit of the deceased can truly visit this world?

G. Riddle

He who makes it does not use it.
He who uses it does not see it.
He who sees it does not want it
Beautiful as it may be.

What is it?

> Without light there is no color.
> Without air there is no sound,
> and for me, there would be no love
> had you not entered my life.

(a coffin)

15 | Extraterrestrials

In Puerto Rico, people are very interested in the subject of flying saucers and beings from other planets. This interest is due not only to the events narrated here,

but also because these events have been the subject of two documentaries. One was televised on Channel Two of Telemundo, by the well-known producer and publicist, Jorge Marquina. The other, titled "UFOs— Unidentified Flying Objects—the Great Mystery of the Century," was produced by the news department of the Gran Cadena (WQBS), broadcast on radio on July 27, 1975. The latter program, written and narrated by José Antonio Ayala and based exclusively on events that occurred in Puerto Rico, has served as reference for the incidents presented here. It is worth mentioning that the final incident, which occurred in San Germán, made headlines in El Mundo, *the newspaper with the largest circulation in Puerto Rico. An April 30 headline read as follows: "Dozens of Barrio San Germán Residents Report Seeing Flying Object."*

At a radio station located on the top floor of a building in San Juan, disc jockey Willie López was working the night of April 6, 1975. It was 10:45. He suddenly heard something or someone tap three times on the control booth window. The tapping was heard on the terrace of the penthouse, where the station was located. This side of the penthouse had no entrance. Willie could not explain how there could be someone on the terrace, but he thought he saw lights shining through the window. He quickly closed the curtain and, believing he was about to be the victim of a robbery, he called a co-worker. The co-worker promised to come, although he took Willie's story as a joke. Five minutes later, piqued by curiosity, Willie opened the curtain a bit and saw what he was certain was a "tremendous flying saucer" hovering in the air about 20 meters away. It gave off a brilliant light. Terrified, Willie closed the curtain and again called his co-worker, who had not yet left.

When his co-worker finally arrived at the station, he and Willie stepped out on the terrace to investigate. They didn't see anything, but they did notice the floor was very hot in the spot where Willie witnessed the first sighting. Strange as the incident was, they decided not to mention it to anyone, and Willie went back to work. Nonetheless, two nights later, on April 8, he felt something strange, as if "the station were going to fall," to quote Willie's own words. The station stopped transmitting, although Willie saw nothing. Since the electricity did not fail, Willie continued working to the end of his shift. His nerves were so shattered, however, that he had to take tranquilizers afterward.

The Gran Cadena (WQBS) invited the Department of Civil Defense to use a Geiger counter[1] to test the radio station's terrace for radiation. The results were never disclosed.

The same night in which Willie felt the station shake, Puerto Rico experienced many other unexplained occurrences. April 8 was Oscar night, and many people were home watching the awards presentation on television.

That night, the entire island of Puerto Rico experienced a

---

[1] Device for measuring radioactivity.

mini-blackout, sometimes manifesting itself as simple flickering in the electrical system, and other times as total darkness. In the neighborhood of Guaynabo, a young couple witnessed the descent of a bright round object over a grove. They felt an explosion, and the lights went out at the same time. Strangely enough, not only were homes left without electricity, but car batteries also failed. The heat was so intense at the place of contact that the rocks were glowing red. The next day, a reporter found that the spot was still smoldering and that the trees were completely burned. He gathered a few rocks, still so hot that they burned through a paper bag and had to be transported in a cookie tin.

Reynaldo Vivo had his own story to tell regarding the strange occurrences of April 8. Like many others, he was watching television at 10:40 in his apartment in Santurce County,[2] when he noticed the whole area lit up, as if a short circuit had produced an explosion. Because of the opaque windows of his apartment, he was unable to distinguish the source of the bright light. When he looked outside, he realized the whole block was without electricity, except his own apartment. Incredibly, his apartment was the only one with power, and the television was still on, although no image was being projected.

Evidently, April 8 was a very interesting day in Puerto Rico. But that was not the end of it. Nineteen days later, something very strange occurred near a cabin close to San Germán, in the southwest area of the island. There, at the break of dawn on April 29, around 3:45, a strange flying object landed on a small structure made of wood and zinc. The object sparkled so brightly while it was spinning that its form was indistinguishable. The family in the cabin saw it, however, as did several of the neighbors. After landing on the small house and burning it so that it was partly destroyed, the object flew away.

Five hundred years ago, the Tainos witnessed the first Spaniards arrive in Puerto Rico. They welcomed them with joy and hope. They were cruelly deceived.

---

[2] Well-to-do section of San Juan, by the sea, where several large tourist hotels are located.

Today, the inhabitants of Puerto Rico see beings arrive from space, beings whose origins are likewise unknown. But unlike the Tainos, the people of Puerto Rico receive these objects with fear, disbelief, and awe. This reaction may be just as erroneous as that of the Tainos 500 years ago.

Who knows? The Tainos would have been unable to predict the changes, so unfortunate for them, that were to occur in Puerto Rico.

And we are unable to predict what will happen on the island, and in the world of which it forms a small part, in the next 500 years. We can be certain that what's to come will extend far beyond the imagination.

And there will be plenty of material for future legends.

We shall see.

Exercises

A. Answer in a complete sentence.

1. What does UFO stand for?
2. Where was Willie López the night of April 6, 1975?
3. Whom did Willie call?
4. What did he see when he opened the curtain?
5. What did Willie and his co-worker see when they stepped out on the terrace?
6. What did they notice?
7. What happened to Willie two nights later?
8. What did he have to do afterward?
9. Why was a test performed with a Geiger counter?
10. What program was being televised the night of April 8, 1975?
11. What occurred throughout Puerto Rico that night?
12. Who witnessed the descent of a brilliant object? Where?

Extraterrestrials

13. What happened to the rocks at the place of contact?
14. What did Reynaldo Vivo notice that night?
15. What scorched a small wooden house in San Germán?
16. How did the Tainos receive the Spaniards?
17. Where do the beings from space come from?
18. What are we unable to predict?

B. Add the most appropriate word or words to finish each sentence.

1. The program was presented _____ 27, 1975.
2. The final incident made headlines in _____.
3. The program was based on events which occurred in _____.
4. Willie believed he was about to be the victim of a _____.
5. They did not tell _____ about the incident.
6. Car _____ also failed.
7. The trees near the place of contact were completely _____.
8. The rocks were _____ red.
9. There was no electricity on the whole block, except in the _____ where he lived.
10. The flying object _____ on a small house.
11. Its _____ was indistinguishable.
12. We receive them with disbelief and _____.
13. We cannot _____ what will happen next.
14. There will be much material for future _____.
15. *El Mundo* is the _____ with the largest circulation in Puerto Rico.

C. **Substitute the words in italics with synonyms from the following list. Change words to the appropriate form if necessary. You may use a word more than once.**

narrate	illuminate	determine
produce	erroneous	extraordinary
carry	affirm	see

1. They wanted to *find out* if there was radiation on the terrace.
2. The *strangest* thing was that car batteries failed.
3. Everything in the area was *lit up*.
4. They *witnessed* the descent of a brilliant object.
5. He *confirmed* that it was a flying saucer.
6. Something *odd* happened in the southwest.
7. They did not *transport* the rocks in a bag.
8. The events that are *related* here generate great interest.
9. It looked as if a short circuit had *caused* the explosion.
10. This reaction may be as *mistaken* as that of the Tainos.

D. **Topic for class discussion or written essay:**

Comment on the possibility of life on other planets.

> The nightingale you held in your hand
> has flown away.
> Another one will come your way,
> but not like the one you lost.

16 | Foolish Jack

Foolish Jack

A legendary character from Puerto Rico is Juan Bobo ("Foolish Jack"), an absent-minded young man who drives everyone crazy, especially his mother.

There are many stories about Foolish Jack, and they are told all over the island.

We don't know if he really existed, or where, or when, but his misadventures have entertained generations of Puerto Ricans.

The following is one version of a story about Foolish Jack.

Once there was a boy whom everyone called Foolish Jack, since he was quite silly, and lazy to boot.

One day his mother sent him to town to buy three items: meat, honey, and sewing needles.

Jack hung a basket on either side of his mule and went to town. First he bought the honey and poured it into the baskets. Then he bought the meat and the sewing needles. He placed them in the baskets with the honey.

When Foolish Jack returned home, he arrived with the meat, but he couldn't find the needles or the honey. Both had gotten lost along the way. The honey had been eaten up by the large number of flies that accompanied Foolish Jack along the road home.

When Jack arrived and his mother saw what her very silly son had done, she started hitting him and saying:

"You're an animal! Nothing but an animal! How could you pour the honey into the baskets and expect to get it home? And the needles! Naturally they fell out through the openings in the baskets. You're just a brute; I can't trust you to do anything."

"Mother, don't worry," said Foolish Jack. "All the honey was eaten up by the young ladies in black cloaks; but first thing tomorrow I will go to the judge and make a complaint against them."

"Stop your foolishness. You're the worst fool of all. You're useless, and what's worse, you're a burden."

"Don't worry, Mother. Tomorrow I'll complain about the young ladies in black cloaks."

"Get on with you now, and ask your godmother if I can borrow her three-legged pot, to make soup. Off with you, I have no time to lose."

Foolish Jack went to see his godmother and asked for the pot. This was a very large cooking pot with three clawed feet, like those of long ago.

Jack picked up the pot and started back home. But on the way he put the pot down and told it:

"Look, I'm tired of carrying you; you have three legs and you can walk better than I can. Walk ahead of me, and I'll follow you."

But as the pot didn't move, Foolish Jack continued:

"What's the matter with you? Don't you know the way? Well, I'll go first; follow me."

But the pot still didn't move.

"Lazybones, that's what you are; you're a real lazybones; you like to be carried so you won't have to walk. Well, that's just fine and dandy; you have three legs, and I only have two, but still you want me to carry you. No sir, you have to walk."

He used his walking stick to furiously beat the pot, and he kicked it along with his feet.

"Come on, come on, lazybones, hurry up. Mother is waiting for us."

Soon they reached a spot in the road where it divided into two narrow paths before going down the mountainside. Foolish Jack picked up the lazy pot, placed it at the head of one of the paths, and said:

"Listen, you go down this way, as fast as you can. I'll take the other way and walk as fast as I can. Let's see who gets there first, you or I."

From the other path, Foolish Jack shouted, "All right, we're ready now. One, two, three, go!"

And Foolish Jack tore down the path as quickly as he could. Exhausted, he arrived home and asked his mother:

"Mother, has it arrived? Is it here?"

"What do you mean? Has what arrived? Has who arrived?"

"The pot, Mother, the pot. We raced each other down the mountain to see who would get here first."

"Jack! I'm going to kill you; today, I will! Don't be ridiculous, boy. Go, go quickly and get me that pot," his mother shouted, furious.

The foolish boy, angry and terrified, went back up the mountain and found the pot exactly where he'd left it.

"You see, lazybones? You are so inconsiderate. All because of you, my mother was going to hit me; she would have if I hadn't run away so fast. Now I'll make you pay for this; you should be ashamed of yourself, you with your three legs, and me, with only two, and yet I got home first."

While saying this he aimed several kicks at the pot.

Since the path was on a slope, Jack's kicks started the pot rolling downhill.

"So now you've decided to run, huh?" said Foolish Jack, following closely behind the pot. "I scared you, didn't I?"

Finally Jack and the lazy pot arrived home.

The next day, early in the morning, Foolish Jack went to speak to the judge.

"Your Honor," said Jack, "I want to make a complaint against the young ladies in black cloaks who ate up all my honey."

"Who are these young ladies?" asked the judge.

"Just like the ones you see over there," he answered, pointing to several flies on a nearby table.

"Ah! The young ladies in black cloaks. You mean flies."

"That's it, exactly. They ate all my honey. And I want revenge, or they must pay for the honey."

"Jack, listen to what you're going to do," said the judge, laughing. "Whenever you see one of those young ladies, you hit it with your stick and you kill it. It's very simple, isn't it?"

"Very good, Your Honor," and at that same moment, bonk! He let loose an immense blow to the head of the poor judge, right where a young lady in a black cloak had perched on his bald spot.

Jack went to jail, but even there he had no peace from the provocative young ladies in black cloaks.

Exercises

A. Add the most appropriate word to complete each sentence.

1. Foolish Jack is rather silly and _____.
2. His mother sent him to town to buy meat, honey, and some _____ needles.
3. The honey and the needles were _____ on the way.
4. The honey was eaten up by an immense number of _____.
5. His mother _____ Foolish Jack.
6. She sent him to his godmother to ask for a three-legged _____ pot.
7. Jack did not want to _____ the pot.
8. He told the pot to walk since the pot had three _____.
9. When his mother saw that Jack arrived without the pot, she became _____.

10. Jack went back to where he'd left the pot and he began to _____ it.
11. The pot _____ downhill to the house.
12. The next day Foolish Jack went to see the _____.
13. He wanted to make a _____ against the young ladies in black cloaks.
14. The judge laughed and told him to _____ any fly he saw with his stick.
15. When Jack smashed a fly on the judge's head, he ended up in _____.

B. Answer with a complete sentence.

1. Who is Foolish Jack?
2. Why does his mother send him to town?
3. Why does he lose the honey and needles along the way?
4. What does his mother say to him?
5. Why does she send him to his godmother?
6. What does he want the pot to do?
7. What does his mother say when he arrives without the pot?
8. How does he get the pot home?
9. What does the judge tell him?
10. What happens in the end?

C. Substitute synonyms from the list for the words in italics. Change words to the appropriate form if necessary.

foolish	path	godmother
feet	go	exhausted
enormous	mountain	
pour	opening	

1. Jack was sometimes very *silly*.
2. He *put* the honey in the baskets.
3. They fell out through *holes* in the baskets.
4. He went to his *mother's friend* to ask for the pot.
5. The pot was *huge*.
6. Foolish Jack only had two *legs*, but the pot had three.
7. *Walking* toward his house, Jack grew tired of carrying the pot.
8. He left it on a small *road*.
9. He arrived home *very tired*.
10. He had to climb the tall *hill*.

D. **Topic for class discussion or written essay:**

Do you know someone like Foolish Jack? Describe that person, as well as one of his or her misadventures.

Proverb
Whoever doesn't have a good head
should have strong legs.

17 | Friend Rabbit

Friend Rabbit

A legendary Puerto Rican tale is that of the "trickster." In this kind of story, a small but clever character (usually an animal) tricks another, who is stronger, but not as smart.

Trickster tales are popular in other Latin American countries as well. And they are often told among some of the indigenous peoples of the United States.

Once upon a time there was a Rabbit and a Tiger. The Tiger wanted to eat the Rabbit, but he could never catch him because he was so small and quick.

One day the Tiger met the Rabbit, who was walking alone down the road with various lengths of rope. The Tiger told him:

"Today I'm going to eat you."

"Eat me, eat me; with what is about to happen, who cares?"

"And just what is about to happen?"

"Please, don't ask. With what is about to happen, just go ahead and eat me."

The Rabbit had an old newspaper in his hands, and he told the Tiger, "Look, tonight there's going to be a terrible storm. Here it says"—and he pointed to a spot in the paper—"that only that palm tree over there will remain standing."

"Oh! Well, tie me to the tree; since you're so small you can hide away anywhere."

And so the Rabbit tied the Tiger to the palm tree.

He left him there and walked away.

Two or three days later, a few burros passed by. One of them suggested:

"We should let loose that poor tiger who's tied to the tree."

"No! Then he'll eat us," responded the others.

And they left him alone.

Then a Monkey passed by. The Tiger said:

"Oh, little Monkey, please untie me."

"No, because then you'll eat me."

"No, little Monkey, no; I won't eat you," the Tiger promised.

The Monkey started to untie him. As soon as he'd finished, the Tiger grabbed him and prepared to eat him.

Now the Rabbit had hidden himself among the highest branches of the palm tree. As soon as he saw that the Tiger had grabbed the Monkey, the Rabbit said, "Oh, Friend Tiger, that's not the way to eat the Monkey. Toss him in the air and then catch him in your mouth."

And that's what the Tiger did. But when he tossed the Monkey in the air, the Rabbit hurled an enormous coconut into his open mouth. The Tiger fell to the ground, and the Rabbit and the Monkey ran away happily.

Another time, the Rabbit was walking down the road when he saw a man passing by with a great load of cheese. The Rabbit sneaked into one of the baskets, and stole several pieces of nice dry cheese. He escaped to the edge of a pond. It was at night, and there was a great moon shining. The Rabbit sat on top of a rock and began to eat the cheese.

When he saw the Tiger approaching, he hid the rest of the cheese, but he kept a piece in his hands.

The Tiger said, "Now I'm really going to eat you up."

"Look, try this." The Rabbit gave him the piece of cheese.

"Hmmm, this is delicious, Friend Rabbit. Where did you get it?"

"I got it from the bottom of that pond."

The Rabbit pointed toward the reflection of the white moon in the water. The Tiger thought the reflection was another cheese.

The Rabbit continued: "I tied a stone to my feet. I threw myself down to the bottom, and look what I found."

"Oh, Friend Rabbit, will you help me do the same thing?"

The Rabbit tied the Tiger to a big stone, and helped him throw himself into the pond. Then the Rabbit picked up the rest of the cheese and left the Tiger in the water.

The Tiger had to struggle and struggle to get out of that pond.

* * *

The Tiger was in love with Lady Fox. The Rabbit made a bet with her that he would ride the Tiger horseback right up to her house.

Just as the Rabbit had suggested, the Fox told the Tiger that she felt like dancing, but that the only decent musician in the neighborhood was the Rabbit. The Tiger told her he would organize a dance. To himself he thought:

"When I bring the Rabbit to play at the dance, I'll be able to eat him. I'll turn off the lights during the dance and then I'll eat him."

The Tiger went to ask the Rabbit to play at the dance. The Rabbit said he would, as long as he was not sick.

On Saturday the Tiger went to pick up the Rabbit. When the Rabbit saw him coming, he covered his head with a lot of leaves and tied a kerchief over them. When the Tiger arrived, he said:

"I'm coming to get you, Rabbit."

"Oh, but I'm dying. I have a terrible fever."

"I'll carry you on my shoulder."

But when he had placed the Rabbit there, the Rabbit fell off and said:

"Oh, I can't sit there like that. Could I get a small cushion I can sit on?"

"All right, get it and put it on me."

He got the cushion, placed it on the Tiger's shoulder, and climbed up. But then he fell again.

"Oh! I just killed myself."

"Look, Friend Rabbit, do something so you won't fall off anymore."

"Listen; why don't I get a couple of old baskets and some riding equipment?"

"All right, get them and put them on."

So the Rabbit saddled up the Tiger. Then he put on some spurs, hopped on the Tiger's back, and tucked his guitar under his arm. He kicked the Tiger with his spurs, and gave him a good slap. The Tiger began to run. Soon they passed in front of the Fox's house, where many people were waiting for the musician.

Then the Rabbit stopped the Tiger and tied him to a palm tree. He went in the house to play music, and soon everyone was dancing.

The Wolf arrived and heard the Tiger shouting.

"Please untie me!"

The wolf untied him, took off the saddle, and they went into the house together.

The Tiger said:

"Friend Rabbit, play me a waltz, and play it very nicely."

"Sure, sure. But I'm playing up on the balcony because it's very hot down here." The Rabbit went upstairs and started playing on the balcony.

While everyone was dancing, the Tiger turned off the lights, but then the Rabbit got away.

The next day when he went to the Fox's house to get his guitar, he found the Tiger waiting for him. The Tiger said:

"Friend Rabbit, you are smarter than I am. You can live in peace now; I won't bother you anymore."

And from that day on he no longer pursued the Rabbit.

Friend Rabbit

Exercises

A. Is each of the following statements true or false? If false, rewrite it so it will be true.

1. In a "trickster" tale, the smarter character always loses.
2. In this story, the Tiger wants to dance with the Rabbit.
3. The Rabbit always gets away from the Tiger.
4. The burros let the Tiger loose.
5. The Tiger does not try to eat the Monkey.
6. The Rabbit gives the Tiger some cheese.
7. The Tiger throws himself into the pond to get some cheese.
8. The Fox and the Tiger make a bet.
9. The Rabbit rides the Tiger horseback up to the Fox's house.
10. In the end, the Tiger refuses to leave the Rabbit in peace.

B. Answer in a complete sentence.

1. What did the Tiger want to do?
2. Why couldn't he catch the Rabbit?
3. According to the Rabbit, what was going to happen because of the storm?
4. Why did he tie the Tiger to a palm tree?
5. Who let the Tiger loose?
6. How did the Rabbit manage to save the Monkey?
7. What was the Rabbit eating when the Tiger found him?
8. Why did the Tiger end up at the bottom of the pond?
9. Whom was the Tiger in love with?
10. What bet did the Rabbit make with the Fox?
11. What happened when the Tiger went to get the Rabbit for the dance?

12. How did the Rabbit get to the Fox's house?
13. Who let the Tiger loose?
14. How did the Tiger try to trap the Rabbit?
15. What happened in the end?

C. **Substitute the words in italics with synonyms from the following list. Change words to the appropriate form if necessary.**

trick	piece	turn off
hide	good friend	donkey
lagoon	take	
palm	untie	

1. The Rabbit had hidden in the *tree*.
2. Since he was small, the Rabbit could *take refuge* anywhere.
3. The *pond* was small.
4. The Rabbit ate a *slice* of cheese.
5. The Tiger was *let loose* by the Monkey.
6. The Tiger *grabbed* the Monkey to eat him.
7. The *burros* did not untie the Tiger.
8. The Tiger pretended to be the Rabbit's *buddy*.
9. The Rabbit *fooled* the Tiger.
10. The Tiger *extinguished* the lights at the Fox's house.

D. **Topic for class discussion or written essay:**

Have you ever prevailed over someone who was bigger or stronger than you? Describe what happened.

Popular refrain
A-E-I-O-U
A burro knows more than you!

Appendix

The Tainos

The indigenous peoples who inhabited Puerto Rico at the time of the first voyage of Columbus were called Tainos. The Tainos were a gentle, friendly people who, 50 years after the first Spaniards arrived in Puerto Rico, had disappeared almost completely. Exploited cruelly by the Spaniards, only about 60 remained in 1542, the year in which a royal decree granted their freedom. In the years that followed, the indigenous population became totally assimilated.

The Tainos had originally come from South America, from the region of the Orinoco River, which is in present-day Venezuela. They arrived in Puerto Rico around 300 A.D., having crossed the sea in large canoes that accommodated up to one hundred men. They knew how to fish and cultivate the earth.

The Tainos were not the first to arrive in Puerto Rico, however. Prior to them, more than two thousand years ago, a group of indigenous people we now call Arcaicos arrived in Puerto Rico, possibly from the coast of Florida. They came in primitive rafts because they did not build canoes. They lived close to the coast, made their living hunting and fishing, and were unfamiliar with agriculture. The Arcaicos were conquered and absorbed by the Araucos, resulting in the Taino culture, which then reached its peak in the thirteenth century.

About one hundred years before the arrival of Columbus in the New World, around 1400, the area was invaded by another indigenous tribe, the Caribs. They also came from the northern coast of South America. Unlike the tranquil Tainos, the Caribs were warriors. But like the Tainos, they were excellent seafarers. They settled on islands to the south and east of Puerto Rico. From there, they attacked the Taino villages located in the eastern part of Puerto Rico. The Tainos' greatest worry at the time of the Spaniards' arrival was defending themselves against the Caribs. They had no idea the white man would prove to be a worse enemy. Interestingly, the Caribs continued attacking Puerto Rico even after the disappearance of the Tainos, and a group of Caribs still lives on the island of Dominica.

However, let's return to the story of the Tainos. At the time of the Spaniards' arrival, the Tainos lived in villages called *yucayeques* scattered throughout the island. The names of about 18 of those still remain. Each *yucayeque* had its own chief, and consisted of several houses called *bohíos* built around a plaza called a *batey*. The *bohíos* were round and made of palm or stalks of cane fastened together with rattan. The exception was the chief's *bohío*, which was square. The different social classes were the *nitainos*, or nobles; the *bohiques*, who were the priests and doctors; and the *naboris* or *naborias*, the workers. The position of chief was inherited.

Since the Indians made their living primarily by farming, each *yucayeque* was surrounded by fields, where the Indians cultivated yucca, corn, sweet potatoes, peanuts, tobacco, and cotton. The most important *yucayeque* was Guainía, near present-day Yauco. Its chief at the time of the Spaniards' arrival was Agueybana. He could speak on behalf of the rest of the chiefs, and he befriended the Spaniards when they arrived in 1508. Upon his death in 1510, his nephew Guaybana inherited the position. Guaybana is the protagonist in the story of the death of Salcedo.

The Tainos did not live with many material possessions, but they did not need them. They dressed minimally. The married women used small aprons called *naguas* (the origin of the Spanish word *enagua*), and the men wore a simple loincloth. The *bohíos* had little furniture. People slept in hammocks and sat directly on the ground. The chiefs sometimes used a low seat called a *dujo*, used more as a symbol of authority than for comfort. For cooking, people used clay pots, plates, and cups, or they used containers found in nature, such as the conch shell. To cultivate the earth, they used a long stick called a *coa*. They fished with wooden hooks and cotton thread. They hunted with bow and arrow. For transportation, they built various types of canoes. The largest were made using fire and stone tools to hollow out a large tree trunk. To move about on land, they walked. The first horses were introduced by the Spaniards.

In general, the family consisted of parents and children who lived together in one *bohío*. The fathers taught their sons to hunt and fish. They also taught them the culture and customs of the village. The mothers taught their daughters to cook, weave hammocks, and cultivate the fields. The parents demanded respect from their children.

The Tainos believed in a great spirit who protected them: Yucajú. This name had many variants, the most common being Yukiyú. Literally, it means "white yucca," the plant from which flour came for making bread. There was also a malevolent spirit, Juracán. Yucajú was believed to reside in the mountains northeast of the island, near the mountain today known as El Yunque. Juracán lived in the islands southeast of Puerto Rico, which was where the Carib warriors and the great storms originated. The Spanish word, *huracán*, and its English equivalent, *hurricane*, originate from the name of this great malevolent spirit. In addition to these two great spirits, there were others of lesser importance. These included the *cemíes*, represented by idols made of clay, stone, or cotton. This idol was commonly cone-shaped, with two faces carved on opposite sides. The *cemíes* were considered benevolent spirits, but also there were malevolent spirits, the *maboyas*, sidekicks of Juracán, and the *jupías*,[1] apparitions of the spirits of the dead. The *bohiques*, who were both priests and witch doctors, made appeals to the *cemíes* and drove away the *maboyas* and the *jupías*.

Because the Tainos believed in life after death, they buried their dead in a seated position with their knees pulled up to their chest in graves reinforced with boards. Water and food were buried with the body. The chief was buried with all his

---

[1] The principal meaning of *jupía* was that of "soul" as was pointed out in the first story. The Tainos believed that everyone had a *jupía* which continued to live on after the death of the physical body. The *jupías* were therefore disembodied spirits which could continue to inhabit the physical world. Whether these *jupías* were good or bad is a matter of disagreement among those who have studied the Taino culture, but the overall impression seems to be negative.

adornments, and his favorite woman was buried alive with him, to accompany him in the afterlife.

On a lighter note, we turn our attention to the Tainos' holidays and pastimes. They celebrated big parties called *areytos*—the famous *areytos* of the Tainos. In the *areytos*, there was a bit of everything: singing, dancing, learning history, eating, drinking. In short, people enjoyed themselves tremendously. Reasons to celebrate *areytos* were numerous: the wedding of a chief, a good harvest, a war victory—any important event. The events were planned carefully and many days ahead of time, and the whole *yucayeque* participated. The chief initiated the *areyto* in the *batey*, singing verses about the history of the *yucayeque*. Since the Taino language was not written, the *areytos* were used for teaching the history and traditions of the village. The chief sang, accompanied by such musical instruments as the *güiro*, maracas, and drum. The men and women danced, with breaks for eating and drinking. The *areytos* could go on for days.

The Tainos also had their own ball game, which they loved to play. The ball was made of roots and the gum extracted from the trunks of certain trees. The playing field was generally the village *batey*, although some *yucayeques* constructed their own playing fields, often near a river, because the players enjoyed cooling off in the water after a hard game. The game itself was similar to volleyball, without the net. The teams were formed within one *yucayeque*, or they could represent different *yucayeques*. There were teams of men and teams of women. The spectators would bet on their favorite teams, betting adornments, weapons, and tools.

The language of the Tainos has not been preserved in its entirety. It disappeared, together with those who spoke it, before it could be studied seriously by missionaries and scholars. Certain expressions, such as names of native plants and animals, and terms referring to the culture and the customs, still remain. Nonetheless, some Taino words have come to form part of the Spanish spoken in Puerto Rico, Spanish in general, and other languages. These words include the English words *canoe, hurricane,* and *hammock.* Others are the Spanish words *bejuco, batey, maní, iguana, juey,* and *bohío.* Of course, let's not forget the name the Indians gave to the island: Boriquén. According to the historian Cayetano Coll y Toste, this word means "land of the brave lord." The variant, Borinquen, which has become popular recently, was apparently created during the nineteenth century.

Coll y Toste has attempted, as a linguistic exercise, to create a prayer in Taino, following the pattern of "The Lord's Prayer," using the words and constructions available to us.

Guakía baba	Our Father
turey toca	heaven be
guamí-ke-ní	lord of land and water
guamí-caraya-guey	lord of moon and sun
guarico	come to
guakía	us
tayno-tí	good, tall
bo-matún	big, generous
busicá	give to the
para-yucubía	rain, boniato
aje-cazabi	plant, bread
juracán-uá	evil spirit, no
maboya-uá	ghost, no
yukiyú-jan	good spirit, yes
Diosá	of God
naborí daca	I serve
Jan-jan catú	So be it.

English-Spanish Vocabulary

All words that appear in the text are included here, except for exact or very close cognates, definite articles, some pronouns, cardinal numbers, and names of people, months, and days.

The following abbreviations are used:

adj., adjective
adv., adverb
f., feminine
m., masculine
n., noun
v., verb

Gender is shown for most nouns, except masculine nouns that end in **-o**, feminine nouns that end in **-a**, or nouns referring to male or female beings.

A

a bit un poco
abandon abandonar
ablaze en llamas
abolish abolir
absence ausencia
absent-minded despistado
abyss abismo *(m.)*
accomplish llevar a cabo
acquaintance *(n.)* conocido, -a
address discurso *(m.)*
admire admirar
advice *(n.)* consejo
advise aconsejar
affectionately cariñosamente
afterlife vida después de la muerte
afterward posteriormente
aid ayuda
alive vivo, -a
allow permitir
along a lo largo (de)
alter alterar
ambiguous ambiguo, -a
among entre
anecdote anécdota
anger enojo
anguish angustia
anthem himno
Antilles Antillas
anxiety ansiedad *(f.)*
apparition *(n.)* aparecido, -a
appear aparecer
approach acercarse
aquatic acuático, -a
arise surgir
armed armado, -a
arrest arresto
artillery man artillero
ascend subir
ashamed: you should be ashamed of yourself te debería dar vergüenza
assist ayudar
assume suponer

assure asegurar
at least por lo menos
at once en seguida
at the strike of al toque de
attest atestiguar
auditorium auditorio
autumn otoño
avenge vengar
avoid evitar
await esperar
awake despertarse
awe admiración (f.)
awhile un rato
ax hacha

B

babble barboteo
bad luck mala suerte
balcony balcón
bald head calva
ball park parque de pelota
bank orilla de un río
baptism bautizo
barber peluquero, -a
barbershop peluquería
barely apenas
bark ladrar
barren árido, -a
barricade barricada
bask bañarse
basket cesto
bathe bañarse
battered golpeado, -a
battle batalla
battleground campo de batalla (m.)
be able ser capaz
be on one's way ir rumbo, ir en camino
be up levantarse
be up against estar en contra de
be upon estar encima
beach playa
beam (v.) rebosar
bear (v.) llevar

beard barba
beg rogar
behave comportarse
beings seres (m.)
belief creencia
belly button ombligo
belong pertenecer
belongings pertenencias
beloved amado, -a
besiege asediar
bid farewell despedirse
birdhouse casita para pájaros
bite (v.) morder
bitterly amargamente
blackout apagón (m.)
blade navaja
blast perforar
bless bendecir
blood sangre (f.)
blossom (v.) florecer
blow golpe (m.); **huge blow** golpetazo
board (v.) abordar
boarding hooks ganchos para abordar
boat bote (m.)
bone hueso
bonfire fogata
booty botín (m.)
border (v.) limitar
bow inclinar la cabeza, hacer reverencia
boyfriend novio
brag hacer alarde
branch rama
bravely valientemente
break up deshacer
breeze brisa
brew formar (una tormenta)
bridge puente (m.)
bronze bronce (m.)
brunette trigueña
brush past pasar rozando
bull toro
bullet bala
bully abusador

bunch montón *(m.)*
bunk litera
burst out echarse a
bury enterrar

C

calm down calmar
camouflage camuflaje *(m.)*
camp: set up camp instalar equipo
candle vela
cannon cañón *(m.)*
cannonball bala de cañón
canoe canoa
canonize canonizar
capture capturar
care cuidado
cargo cargamento
carry out llevar a cabo
carve labrar
castle castillo
cathedral catedral *(f.)*
cattle ganado
cave cueva
cavern gruta
celestial body cuerpo celestial
century siglo
change cambio
chant cantar
chapel capilla
chaplain capellán
charming encantador, -a
chat platicar
chilling escalofriante
chills *(n.)* escalofrío
choir coro
choppy picado, -a
church iglesia
cigar puro
claim reclamar
cliff peñasco
close friend compadre *(m.)*
close in *(v.)* acercarse
close off sellar
closed off encerrado, -a
coast up costear, deslizar

coconut coco
come out salir
commencement graduación
comply cumplir
comrade compañero, -a
condemn condenar
confirm confirmar
confront enfrentar
conical cónico, -a
consent consentir
console consolar
contaminate contaminar
convulsion convulsión *(f.)*
cooking pot caldero
cool off refrescarse
cot catre *(m.)*
covet codiciar
craft *(v.)* crear
creation creación *(f.)*
creator creador
crew tripulación *(f.)*
crowning glory adorno natural
 (cabellera)
cruelly cruelmente
crutches muletas
curiosity curiosidad *(f.)*
curse *(v.)* maldecir,
 (n.) maldición *(f.)*
curve curva
cushion cojín *(m.)*
custom costumbre *(f.)*
cut off cortar

D

dagger daga
damage daño
damp húmedo, -a
Danish danés, danesa
dare atreverse
date back remontarse
dawn amanecer *(m.)*
dearly profundamente
death muerte *(f.)*
deceased fallecido, -a
deck cubierta de barco

deed obra
deep profundo, -a
defend defender
delirious delirante
deliver entregar
deny negar
descendent descendiente *(m.)*
despite a pesar de
deviate desviar
device aparato
devil diablo
devote dedicarse
dialect dialecto
diamond diamante *(m.)*
dig cavar
disappear desaparecer
disappearance desaparición *(f.)*
disguise disfraz *(m.)*
dismiss dejar ir
disturbance alboroto
docile dócil
doctorate degree doctorado
doubt: no doubt sin duda
downhill cuesta abajo
downpour aguacero
downright completamente
drag jalar
draw near acercarse
drop out dejar
due to debido a
duel duelo
duty guardia
dweller habitante

E

earn obtener
ease facilidad
edge orilla
embarrass avergonzar
embody incluir, incorporar
emerge salir
enchantment encanto
enemy enemigo
enjoy disfrutar
enslave esclavizar

ensue seguir
envy envidia
erect erigir
escort escolta
essayist ensayista *(m. & f.)*
evening atardecer
events sucesos; eventos
evil maligno, -a
evoke evocar
exaggerate exagerar
execute ejecutar
exhausted exhausto, -a
exile exilio
expect esperar
expel expulsar
explanation explicación *(f.)*
extraterrestrial extraterrestre

F

face out mirar hacia afuera
fact hecho
factory fábrica
faith fe *(f.)*
faithful fiel, leal
fake falso, -a; postizo, -a
fall asleep quedarse dormido, -a
familiar conocido, -a
faraway lejano, -a
fate destino
fear temor
feel one's way guiarse a tientas
fellow tipo
female hembra
fertile fértil
fever fiebre *(f.)*
feverish febril
field campo
fierce feroz
find out enterarse
fire *(n.)* fuego
fire *(v.)* disparar
fiery fogoso, -a
fisherman pescador
flag bandera
flatter adular

flaunt ostentar
flee huir
flint de piedra
flirt coquetear
flirtatious coqueto, -a
flirting *(n.)* coqueteo
flood inundación *(f.)*
fly mosca; *(fig.)* señorita del manto prieto
flying saucer platillo volador
focus enfoque
foggy brumoso, -a
following siguiente
foolish bobo, -a
force: by force a la fuerza
forehead frente *(f.)*
foreman capataz
forgiveness perdón
fowl aves *(f.)*
fox zorro, -a
free *(adj.)* libre
freedom libertad
frighten asustar
frown hacer gestos
fruit fruto, -a
full moon luna llena
furious furioso, -a

G

gallant galante
gather juntar
Geiger counter contador Geiger
gesture *(v.)* señalar con un ademán
gin ginebra
give away delatar
give way dar origen, abrirse, desplomarse
god dios
godmother comadre *(f.)*
good Lord! ¡Santo Señor!
good-hearted de buen corazón
gossip chisme
governor gobernador
grab agarrar
grant conceder

grateful agradecido, -a
grave site lugar de sepulcro *(m.)*
greatness grandeza
grove arboleda
grow back crecer de nuevo
guard *(n.)* guardia *(m.)*
gun port cañonera
gunfire tiroteo

H

haircut corte *(m.)* de pelo
halt detener
hand mano; **at hand** a la mano, cerca; **hand to hand** mano a mano
handle manija
handsome guy guapetón *(m.)*
happiness felicidad *(f.)*
harm dañar, lastimar
harvest *(n.)* cosecha; *(v.)* cosechar
haughty altanero, -a
head chief jefe al mando
head out dirigirse
headlines titulares *(m.)*
heal curar
heaven, heavens cielo
herb hierba
hesitant vacilante
hesitate vacilar
heyday mejor tiempo
hide *(v.)* esconder
hiding place escondite *(m.)*
high and low arriba y abajo
hill colina
hilltop cima de una colina
historian *(n.)* historiador, -a
hit golpear
hitchhike pedir pon; pedir aventón
hole hoyo
holiday día festivo
hollow hueco, -a
holy santo, -a; sagrado, -a; **Holy Week** Semana Santa
home team equipo local

homeless sin hogar
honey miel *(f.)*
honeymoon luna de miel
hopeless sin esperanza
hostage rehén
hover cernirse
hull casco de una nave
humble humilde
hunger hambre *(f.)*
hunt down perseguir
hurl lanzar
hurricane huracán
hut choza
hypnotize hipnotizar

I

idealize idealizar
idol ídolo
illness enfermedad *(f.)*
image imagen *(f.)*
imbecile imbécil
immaculate inmaculada
immortal inmortal
impose imponer
impress impresionar
inadvertently sin darse cuenta
indigenous indígena
industrialization industrialización *(f.)*
infer deducir, inferir
inhabitant habitante *(m.)*
inning entrada (béisbol)
inspire inspirar
interpreter intérprete *(m. & f.)*
intervene intervenir
iron hierro *(m.)*
irritate hacer enojar
islet isleta
item artículo

J

jewelry joyas
jittery alborotado, -a
journalist reportero, -a

journey viaje *(m.)*
judge *(n.)* juez *(m.)*
judge *(v.)* juzgar

K

keep quedarse con; **keep off** dejar de; **keep watch** estar alerta
kerchief pañuelo
kidnap secuestrar
kneel arrodillarse
knock tocar a la puerta
knoll loma

L

lack falta
lame cojo, -a
land *(v.)* caer
lane carril *(m.)*
language idioma *(m.)*
lantern linterna
latter último, -a
law ley *(f.)*
lead llevar a
leading *(adj.)* principal
let go soltar (ue)
let up calmar
lick lamer
lift levantar
light *(v.)* encender
lighthearted placentero, -a
likeness semejanza
likewise del mismo modo
lily lirio
line up hacer fila
linger around seguir de cerca
link unir
lock enlazar
lodge: lodge a complaint denunciar
look for buscar
look like parecerse a
luck suerte *(f.)*
lucrative lucrativo, -a
lulling song arrullo

lush frondoso, -a; suntuoso, -a
lyrics letra de una canción

M

macabre macabro, -a
madman loco
majestic majestuoso, -a
make a fool hacer tonto
make fun burlarse, mofarse
mane cabellera
mass misa
master dueño, -a
mate compañero, -a
mediation mediación *(f.)*
melancholy melancolía
mercy misericordia
messenger mensajero
midnight medianoche
midst en medio
miracle milagro
miraculous milagroso, -a
misadventure desventura
mischievously maliciosamente
miss fallar
mixture mezcla
moonlight luz de luna
mound cajón (béisbol)
mountain montaña, cerro
mountaineer *(n.)* andinista *(m. & f.)*
mountaineering *(adj.)* montañés, montañesa
mud lodo
mutineer amotinador
mystery misterio

N

native-born nativo, -a
needy necesitado
neighborhood vecindario
news noticia
nickname mote *(m.)*, apodo
nightmare pesadilla
no match sin comparación
nonetheless sin embargo

not yet todavía no
notorious notorio
nun monja

O

obey obedecer
office puesto
oil aceite *(m.)*
on one's behalf en nombre de
once again una vez más
open sea mar adentro
opening abertura
orthopedic ortopédico
outcome resultado
outdated pasado de moda
outfit traje
outsider forastero, -a
outskirts afueras
outstanding sobresaliente
overcome vencer
overseer encargado, -a
overtake dar alcance
overturn derribar
owe deber
own *(adj.)* propio, -a
owner dueño, -a

P

pain dolor *(m.)*
parson párroco
pass along pasar por
pass it on contar
passageway pasaje
path sendero, vereda
patron saint santo patrón
pay: I'll make you pay for this
    te las voy a cobrar
peak punto culminante
peasant campesino, -a
peek echar un vistazo
peel *(n.)* cáscara
penalty pena
perplexed confuso, -a
perturb perturbar

picturesque pintoresco, -a
piece trozo
pierce perforar
pique *(v.)* despertar
pirate pirata *(m.)*
pitcher lanzador *(m.)*
place *(v.)* poner
placid plácido, -a
plantation plantío
play a role jugar un papel
play hard to get hacerse el (la) desinteresado, -a
playground sitio de recreo
playwright dramaturgo
plea ruego
pleasant placentero, -a
pleasure placer *(m.)*
plot parcela
point-blank range *(adv.)* a quemarropa
politely cortésmente
pond charco
ponder preguntarse
poppy amapola
populate poblar
pose hacer (una pregunta)
post puesto
pot olla
precious stone piedra preciosa
prefer preferir
prevail prevalecer
previous anterior
prey presa
priest sacerdote
prior antes
prisoner prisionero, -a
procession procesión *(f.)*
proclaim proclamar
profound profundo, -a
progress progreso
prologue prólogo
prompt rápido, a tiempo
prop up enderezar
prophet profeta *(m.)*
protagonist protagonista *(m. & f.)*
provide proporcionar

provision provisión *(f.)*
pry open abrir forzando con palanca
punishment castigo
pursue perseguir
pursuer perseguidor
put an end (to) dar fin (a)

Q

quake temblor *(m.)*

R

rag doll muñeca de trapo
raid ataque inesperado
rant despotricar
rarely rara vez
rattan bejuco
ravage devastar
rave rabiar
ray rayo
reach alcanzar, llegar a
realize darse cuenta
rebel rebelarse
recall recordar
recourse recurso
reef arrecife *(m.)*
reflect reflexionar
refuse negar
regain recobrar
rehearsal ensayo
relate contar
rely depender de
remain quedar
repair reparación *(f.)*
repent arrepentirse
repercussion repercusión *(f.)*
replacement reemplazo
replenish reabastecer
reprimand *(v.)* reprimir
request *(n.)* pedido
rescuer rescatista *(m.)*
research *(n.)* investigación *(f.)*
resemble parecerse a
resistance resistencia

retract retroceder
reveal revelar
ride horseback montar a caballo
riding gear aparejito
rights derechos
rimmed bordeado, -a
rise levantar
roam vagar
roar *(n.)* rugido
robbery robo
roll *(v.)* rodar
rostrum plataforma
rough difícil
route ruta
run away escapar
run out acabar
rustic rústico, -a

S

sacred sagrado, -a
sacrifice *(v.)* sacrificar
saddle up ensillar
sadness tristeza
sail vela
sailor marino
saint *(n.)* santo, -a
sanctuary santuario
sardine sardina
savage salvaje
scandal escándalo
scenery escenario, paisaje
schooner goleta
scorch incendiar
scoreboard marcador (de puntaje)
search buscar
search party grupo de búsqueda
seashell concha de mar
secluded recluido, -a
seek buscar
senior mayor
sentence sentenciar
sentry centinela *(m.)*
sentry box garita de centinela
serenade serenata

set poner
set out poner en marcha; proponerse a
set the tone poner el ejemplo
setting sun puesta de sol
settlement colonia
severe severo, -a
sewing needle aguja
shadow sombra
shaky tembloroso, -a
share compartir
shattered deshecho, -a
shelter *(n.)* refugio
shift *(n.)* turno
shine brillar
ship barco
shocked sorprendido, -a
shoot through entrar violentamente
shore costa, playa
shot of whiskey trago de whiskey
sick enfermo, -a
sidewalk acera
sigh suspiro
sighting aparición *(f.)*
sign señal *(f.)*
silky sedoso, -a
silly tonto, -a
sink *(v.)* hundir
sinuous sinuoso, -a
site lugar *(m.)*
size tamaño
skill habilidad *(f.)*
skin tez *(f.)*; piel *(f.)*
slave esclavo, -a
slave trade comercio de esclavos
slender delgado, -a
slice *(v.)* tajar, cortar
slightest el (la) más mínimo, -a
slip out escapar
slither deslizarse
slow down disminuir de velocidad
smile upon sonreír sobre
smirk sonrisa presuntuosa
smolder humear
snake serpiente *(f.)*

solemn solemne
sorcerer hechicero
sorrow pena
soul alma
sour agrio, -a
source fuente *(f.)*
space being ser del espacio, extraterrestre
Spaniard español, -a
spare one's life salvar la vida
specter *(n.)* aparecido, -a
spell hechizo; **cast a spell** hechizar
spin girar
spirit espíritu *(m.)*
spot *(n.)* lugar; *(v.)* ver
spread among extender entre
spur *(n.)* espuelín *(m.)*
squall chubasco
squelch destrozar
stare fijar la vista
station *(v.)* colocar, asignar
statue estatua
steal robar
steal away esconderse
steal into desaparecer
step in intervenir
stone piedra
storm tormenta
stormy tormentoso, -a
storyteller narrador de cuentos
stray extraviar
stream corriente *(f.)*; arroyo
stretch extender
strife rivalidad *(f.)*, conflicto
strike dumb enmudecer
stroll caminar
strong will carácter fuerte
struggle forcejar
stutter balbucear
subdue someter, atrapar
suburb suburbio
succumb sucumbir
sugar cane caña de azúcar
suit *(n.)* traje
suitor pretendiente *(m.)*

sunrise amanecer *(m.)*
sunset puesta del sol *(f.)*
supplies provisiones *(f.)*
surrender darse por vencido, -a
surround rodear
survive sobrevivir
suspect sospechar
swarm llenar
sweetheart querido, -a
swift veloz
sword espada

T

tactic táctica
taint corromper
take advantage aprovechar
tale cuento
talk of the town chisme del pueblo
tear down destruir
teeming abundante
temperament temperamento
tempt tentar
temptation tentación *(f.)*
tenderness ternura
testimony testimonio
thermos termo
threat amenaza
thrive nutrir
throughout a través de todo
thunderous atronador(a)
tin lata
tinderbox yesquero
titled titulado, -a
tomb tumba
tow remolcar
toward hacia
trail *(v.)* seguir
trait cualidad *(f.)*
tranquil tranquilo, -a
trap trampa
traveler viajero, -a
treatment tratamiento
tremble temblar
trick *(v.)* engañar

trickle escurrir
trickster tramposo, -a
troop tropa
trousseau ajuar de novia *(m.)*
truly en realidad
trunk tronco
try *(v.)* probar (ue)
tuber tubérculo
turn around voltear
turn into convertirse en
turn out resultar
turn over entregar; volcar
turn to hacer uso de

U

unbecoming no atractivo, -a
uncomplicated sencillo, -a
uncover descubrir
underground subterráneo, -a
underwater por debajo del agua
uneasy inquieto, -a
unexpected sin aviso
unfortunate desafortunado, -a
unnoticed inadvertido, -a
unrest inquietud *(f.)*
unsaddle desensillar
upon sobre
uprise rebelión *(f.)*
uproot arrancar de raíz
urge incitar
useless inútil
utter pronunciar

V

vain: in vain en vano
valiantly con valor
valley valle *(m.)*
vegetable verdura
vein vena
venture aventurar
vessel navío
victim víctima
view vista

virtue virtud *(f.)*
virtuous virtuoso, -a
voluptuous voluptuoso, -a
vow jurar

W

waltz vals *(m.)*
wane desaparecer
ward off ahuyentar
warning advertencia
warrior guerrero
watch over cuidar
water line línea de flotación
wave ola
weapon arma
wedding boda
well pozo
well-to-do próspero, -a
wherever dondequiera
whim capricho
wild salvaje
wildfire incendio descontrolado;
  spread like wildfire se difundió
  rápidamente
win over ganarse el afecto
windy ventoso, -a
wish deseo
witch bruja
witchcraft brujería
with regard to en relación con
witness *(v.)* ser testigo, -a
wolf lobo
works obras de arte
worship alabar
worthy digno, -a
would-be que sería
wound *(n.)* herida; *(v.)* herir

Y

year año
young *(adj.)* joven *(pl.:* jóvenes)
young man (woman) *(n.)* el joven
  (la joven)

Leyendas de Puerto Rico

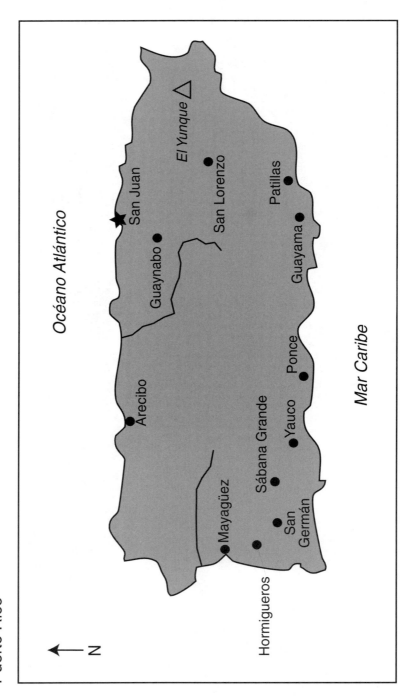

Índice

Prólogo		157
1.	La creación	159
2.	La muerte de Salcedo (1511)	167
3.	Guanina (1511)	175
4.	Los milagros de Nuestra Señora de Monserrate (1600)	183
5.	La Vuelta de la Culebra (1700)	189
6.	La garita del diablo (1790)	197
7.	Cofresí (1824–25)	
	Primera parte	205
	Segunda parte	213
8.	Carabalí (1830)	221
9.	Lola de América (1858)	229
10.	Elena de la Santa Montaña (1900)	237
11.	Esperanza (1910)	245
12.	Guayama, Ciudad Bruja (1940)	253
13.	El pozo milagroso (1953)	259
14.	La Aparecida (1970)	267
15.	Seres extraterrestres (1975)	275
16.	Juan Bobo	283
17.	Compadre Conejillo	291
Apéndice: Los taínos		298
Vocabulario español-inglés		303

Prólogo

Esta edición bilingüe de *Leyendas de Puerto Rico* explora la rica tradición folklórica de la Isla. Las diecisiete leyendas están en orden cronológico, con excepción de las dos últimas leyendas, que son eternas. Las fechas relevantes de las leyendas, donde procedan, aparecen al lado del título de la leyenda en el índice. Las leyendas incluyen un relato sobre la creación e historias del período colonial y hasta del siglo XX. Entre los personajes figuran animales que hablan, gente indígena, conquistadores, seres espirituales y extraterrestres. También hay un apéndice que describe a los taínos, que se cuentan entre los primeros habitantes de Puerto Rico.

Hemos publicado las leyendas y el apéndice en español e inglés en un estilo sencillo, para que los estudiantes puedan mejorar su habilidad para leer en su nuevo idioma, mientras siguen gozando del apoyo de su idioma materno. Es posible verificar la comprensión al comparar las dos versiones del texto.

La palabra *leyenda* debería entenderse aquí en su sentido más amplio. Algunas de las leyendas, tales como *La muerte de Salcedo*, se basan en la realidad histórica, mientras otras son principalmente de fantasía. Carabalí, el esclavo que se escapa repetidas veces, es en realidad el nombre de una tribu africana conocida por la manera en que había luchado ferozmente por su libertad. Los colonos pensaban que un hombre con este nombre lucharía también por su libertad.

Las mujeres juegan un papel importante en muchas de las historias. *Lola de América*, por ejemplo, es un relato encantador de una de las grandes mujeres de la historia puertorriqueña. Otros ejemplos inolvidables son Atabei, la creadora del universo; Guanina, desgraciada en el amor; la generosa "Santa" Elena y la misteriosa joven de *La Aparecida*.

El lenguaje y la gramática que se usan en el libro son apropiados para estudiantes de nivel intermedio. Después de cada leyenda hay preguntas sobre el contenido y ejercicios que hacen hincapié en la gramática y el vocabulario que se encuentran en las historias. Hay también una lista bilingüe de vocabulario al final del libro.

La mayor parte de los capítulos terminan con un verso, de los que coleccionó Juan Ángel Tió Nazario en el campo puertorriqueño. Tió nació en 1906 en San Germán y murió a la temprana edad de 28 años. Compiló estos versos para su *Esencia del Folklore Puertorriqueño*.

Esperamos que los estudiantes disfruten de la lectura y de la rica tradición cultural de Puerto Rico.

1 | La creación

La creación

Cuando llegaron los españoles a Puerto Rico, encontraron indios que se llamaban taínos. Los taínos tenían su propia cultura, su propio idioma y sus propias tradiciones. Y tenían también enemigos. Éstos eran los caribes, otra tribu que venía de la América del Sur. Los caribes habían ocupado otras islas al sureste de Puerto Rico y empezaban a invadir a Puerto Rico mismo.

Aquí presentamos algunas de las creencias de los taínos. El apéndice en la página 298 da más detalles sobre la cultura de los taínos.[1]

En el principio Atabei creó el cielo, la tierra y los otros cuerpos celestes.

Atabei siempre había existido. Atabei era la madre original. Atabei era la gran fuerza creadora.

Pero no había vida. No había luz. Todo estaba como en un profundo sueño. Y durante mucho tiempo todo continuó así.

---

[1] Recomendamos también *Canto al Cemí* por Sadí Orsini Luiggi, una obra que ha servido como fuente de información para mucho del contenido de esta leyenda.

La creación

Pero Atabei por fin se dio cuenta de que algo faltaba. Y tuvo dos hijos que formó de elementos mágicos e invisibles del espacio. Los dos hijos se llamaron Yucajú y Guacar. Y Yucajú se preocupó porque no había luz ni vida en la creación. Atabei estaba contenta porque Yucajú podía ahora terminar su obra.

Y Yucajú creó el sol y la luna para alumbrar la tierra. Tomó piedras preciosas de la tierra y las puso en el cielo. Y estas piedras ayudaron a la luna a alumbrar de noche. La tierra fue fértil y en ella crecieron plantas y árboles. Yucajú creó entonces animales y pájaros para vivir entre las plantas y los árboles.

Entonces Yucajú decidió crear algo nuevo, algo diferente, algo entre un animal y un dios. Y así formó el primer hombre y la primera alma, o *jupía*. Y llamó al primer hombre Locuo. Locuo se sintió contento en la tierra, feliz entre tanta belleza. Y se arrodilló para dar gracias a Yucajú.

Guacar vio con envidia toda la obra de su hermano. Se fue a un lugar oculto y durante un tiempo no hizo nada. Pero no pudo soportar la envidia y empezó a hacerle daños a la obra de Yucajú. Y cambió de nombre, convirtiéndose en el terrible dios del mal, Juracán.

Juracán movía los vientos. A veces los movía con tanta fuerza que destruían la obra de Yucajú. Arrancaba los árboles y mataba a los animales. Locuo ya no se sentía tan contento, pues tenía miedo. Ya no podía gozar tanto de las bellezas de la tierra.

Además de enviar vientos fuertes, Juracán hacía temblar la tierra. Esto era uno de sus juegos favoritos. En uno de los temblores más fuertes dividió el continente americano. Así se formaron las Antillas.[2]

Pero Locuo continuó viviendo en la tierra y Yucajú creó otros dioses para ayudarlo. Locuo aprendió a hacer imágenes de estos dioses que él llamaba cemíes.[3] Y Yucajú le dio a Locuo el fuego y así aprendió a cocinar sus comidas. Aprendió a hacer el casabe de la yuca.[4] Pero Locuo vivía solo en la tierra. Un día, se

---

[2] Un archipiélago en el Caribe, al que pertenece la isla de Puerto Rico.
[3] Ídolos en forma de cono que están relacionados con la cultura taína. Véase el apéndice.
[4] Un tipo de pan hecho de la yuca, que era una parte importante de la dieta de los taínos. Véase el apéndice.

sintió inspirado de tanta belleza que había en la naturaleza, y se abrió el ombligo, dando paso a dos criaturas que eran como él. Eran un hombre y una mujer. El hombre se llamó Guaguyona, y la mujer Yaya. Y los hijos y nietos de Guaguyona y Yaya poblaron la tierra.

Pero los descendientes de Guaguyona y Yaya sufrieron mucho porque Juracán mandaba inundaciones y vientos fuertes. Y mandaba maboyas[5] o espíritus malos, que causaban problemas en la vida diaria de los hombres. Las maboyas rompían las canoas en el río, tiraban piedras sobre las casas, y escondían la pelota con que se jugaba. Y causaban también enfermedades y problemas entre los hombres.

Así se explicaron los taínos los fenómenos de la naturaleza y el origen del bien y del mal. Los caribes,[6] que llegaron desde otras islas al sureste de Puerto Rico, eran malos. Eran feroces guerreros que en sus ataques destrozaban las aldeas taínas y se llevaban a las mujeres. Los taínos los consideraban agentes de Juracán.

Y si Juracán mandaba a los caribes, tal vez Yucajú mandaría gente buena para ayudar a rechazar a los caribes.

Así, cuando llegaron los españoles a Puerto Rico, los taínos sin duda pensaron que éstos eran los que Yucajú mandaba.

Y se equivocaron.

Ejercicios

A. **Conteste con una oración completa.**

1. ¿Quién era Atabei?
2. ¿De qué se dio cuenta?
3. ¿Cómo se llamaron sus dos hijos?
4. ¿Por qué estaba contenta Atabei?

---

[5] Véase el apéndice.
[6] Otra tribu indígena. Véase el apéndice.

5. ¿Qué hizo Yucajú con las piedras preciosas?
6. ¿Qué creó Yucajú para vivir entre las plantas?
7. ¿Por qué era diferente el primer hombre?
8. ¿Cómo se llamaba?
9. ¿Por qué se arrodilló?
10. ¿Cómo se sintió Guacar al ver la obra de su hermano?
11. ¿Qué empezó a hacer?
12. ¿En qué se convirtió?
13. ¿Qué hacía Juracán?
14. ¿Qué aprendió a hacer Locuo?
15. ¿Cómo se llamaba el segundo hombre?
16. ¿Cómo se llamaba la primera mujer?
17. ¿Quiénes eran las maboyas?
18. ¿Quiénes eran los taínos?
19. ¿Quiénes eran los caribes?
20. ¿Qué pensaron los taínos cuando llegaron los españoles?

B. Añada la palabra más apropiada para terminar las siguientes oraciones.

1. En el _____ Atabei creó el cielo y la tierra.
2. Durante mucho tiempo todo estaba como en un profundo _____.
3. Atabei tuvo _____ hijos.
4. Los formó de _____ mágicos del espacio.
5. El sol y la luna _____ la tierra.
6. Las plantas _____ en la tierra.
7. El hombre era algo entre un animal y un _____.
8. Guacar no pudo soportar la _____.
9. Guacar se _____ en el terrible dios del mal.

La creación

10. Juracán movía los vientos con tanta fuerza que _____ los árboles.
11. Juracán dividió el _____ americano.
12. Locuo vivía _____ en la tierra.
13. Las maboyas escondían la _____.
14. Los _____ se llevaban a las mujeres taínas.
15. Los españoles no fueron mandados por _____.

C. Sustituya las palabras en letra cursiva con sinónimos de la siguiente lista. Es posible usar una palabra más de una vez.

destrozaban	enviaba	pues
alumbraba	formaron	Guacar
se llamaba	feliz	descendientes

1. Así se *crearon* las Antillas.
2. Locuo se sintió *contento*.
3. Los caribes *destruían* las aldeas taínas.
4. Juracán *mandaba* vientos fuertes.
5. Las maboyas *rompían* las canoas.
6. *Su nombre era* Guaguyona.
7. *Juracán* sintió envidia.
8. Los *hijos y nietos* de Guaguyona poblaron la tierra.
9. La luna *daba luz* de noche.
10. No se sentía contento *porque* tenía miedo.

D. **Tema para discusión en clase o para composición escrita:**

Existen distintas versiones de la creación del mundo. Busque la versión de la Biblia y una explicación científica. Compárelas con el mito taíno. ¿En qué se parecen? ¿En qué son diferentes?

Te quisiera estar mirando
treinta veces en el mes,
siete días en la semana
y un minuto cada vez.

2 | La muerte de Salcedo

La muerte de Salcedo

El relato de la muerte de Salcedo es uno de los más conocidos de la historia de Puerto Rico. Se encuentra en todos los textos de historia y el famoso autor y dramaturgo, René Marqués, lo usa como tema en su cuento "Tres hombres junto al río".

Los caciques de Boriquén estaban reunidos. Venían a discutir el mal trato que recibían los indios de los españoles. Agüeybana, el cacique principal de Boriquén y amigo de los españoles, había muerto. Su sobrino Guaybana había heredado su lugar. Guaybana inició la reunión hablando así:

—Hermanos, es hora de pelear. Recibimos a los hombres blancos como amigos y ellos nos hacen esclavos. Es hora de recobrar nuestra libertad.

—Comprendo su actitud, Guaybana. Pero usted tiene que aprender a aceptar el destino. Hay que respetar a los dioses.[1] Tenemos que aceptar lo que ellos quieren para nosotros.

—Prefiero morir antes que aceptar la esclavitud, Mabodamaca. Es posible que usted tenga razón. Pero yo no puedo ni

---

[1] Los indígenas creían que los españoles eran dioses, y que eran, por eso, inmortales.

quiero aceptar esta situación. ¡Luchemos, aunque sea contra los dioses!

—¡Así se habla, Guarionex! —contestó Guaybana—. Y al fin, ¿quién dice que son dioses? Ellos mismos nunca lo dijeron. Nosotros lo decimos y ellos no lo niegan. Así les conviene. Así nos hacen esclavos más fácilmente. Es cierto que no los vemos morir, pero sólo llevan tres años entre nosotros.

—Ellos me aseguran a mí que son inmortales. Y sabemos que creen que el gran Yucajú[2] de ellos tenía un hijo que pareció morir, pero a los tres días volvió a vivir. Un dios de amor, que amaba hasta a sus enemigos. ¡Qué distinto de ellos! Ya saben ustedes cómo me quitaron mis propiedades.

—Todos comprendemos su enojo, Mabó. Pero todos estamos sufriendo —contestó Guaybana.

—Sí, creo que fui yo el primero en mostrarle al jefe de ellos ese metal amarillo que quieren tanto, y por el cual nos hacen tanto sufrir —dijo con amargura el cacique Guaraca.

El viejo cacique Urayoán escuchaba sin hablar. No compartía ni la actitud violenta de unos ni la resignación de otros. Cuando por fin se puso a hablar, era con calma pero con firmeza.

—Hay una cosa que no entiendo en cuanto a este gran bohique[3] que llaman Jesús, y me parece curioso. Si ellos mismos son dioses, si son inmortales, ¿por qué admiran tanto a otro que entonces no es más que ellos? ¿O será que ellos adoran a este hijo del gran Yucajú precisamente porque él es el único que es realmente inmortal? Él puede vencer la muerte, pero ellos no. Pero debemos estar seguros. No sé cómo todavía, pero cuando llegue el momento oportuno, haré la prueba, y les avisaré el resultado.

* * *

Diego Salcedo caminaba por los bosques del oeste de Boriquén. Caminaba por las tierras del viejo cacique Urayoán.

---

[2] Palabra taína que significa "Gran Espíritu". Véase también el apéndice.
[3] En la sociedad taína los *bohiques* jugaban el papel tanto de cura como de curandero.

La muerte de Salcedo

El viejo cacique le había dado algunos de sus hombres para servirle de guías y para cargar sus efectos. Así Salcedo podía cumplir su misión más fácilmente. Mientras caminaba, pensaba en varias cosas: en el carácter de los indios, tan mansos y tan humildes, que aceptaban a los españoles como sus amos. En fin, los creían dioses. A Salcedo le halagaba la idea de ser un dios. Sonreía pensándolo. Luego se puso a pensar en las muchachas indias, con sus voces tan dulces, sus hermosos cuerpos bronceados y ese pelo negro tan fino y sedoso. Podían hacerlo olvidar por un tiempo a las altivas mozas de España.

Llegaron a la orilla de un río. No era muy grande el río pero no pudo encontrarse un sitio llano para cruzar. Pero los mansos y serviciales indios tuvieron una solución. Dos de ellos ofrecieron cargarlo. En fin, así debía tratarse a un dios, reflexionaba Salcedo con satisfacción en tanto que los indios le improvisaban un asiento con sus brazos. Pero al llegar a mitad del río, pasó algo que puso fin a las reflexiones amenas de Salcedo. Los indios lo volcaron y lo sujetaron debajo del agua. No podía respirar. ¡Se ahogaba!

Después que dejó de luchar, los indios todavía lo sostuvieron debajo del agua un buen rato. Luego lo llevaron a la orilla. Estaban asustados de lo que habían hecho. El dios blanco seguramente iba a castigarlos severamente. Lo sentaron en la orilla, y uno de los indios comenzó a pedirle perdón. —Oh, gran dios blanco, perdónenos. Somos pobres mortales que no comprendemos su grandeza.

El gran dios blanco no contestó nada.

Era cierto que no daba muestras de vida. Pero tenían que estar seguros. ¿Y si volvía a la vida después de tres días, como el gran bohique? Así los indios se pusieron a esperar. Esperaron tres días y tres noches.

Pero Salcedo todavía no daba muestras de vida. Por el contrario, se veía por el estado del cuerpo que el gran dios blanco estaba bien muerto.

—Son hombres; no son dioses —se limitó a decir uno de los indios. Y por la noche, las hogueras en las montañas proclamaban la noticia.

Ejercicios

A. **Conteste con una oración completa.**
1. ¿Quiénes trataban mal a los indios?
2. ¿Quién era Guaybana?
3. ¿Cómo recibieron los indios a los hombres blancos?
4. ¿Qué hicieron los españoles con los indios?
5. ¿Quién prefirió morir antes que aceptar la esclavitud?
6. ¿A quién le quitaron los españoles sus propiedades?
7. ¿Qué creían los indios respecto a los españoles?
8. ¿Quién les enseñó a los españoles dónde estaba el oro?
9. ¿Qué prometió hacer Urayoán?
10. ¿En qué iba pensando Salcedo mientras caminaba?
11. ¿Qué no pudo encontrarse en el río?
12. ¿Qué solución ofrecieron los indios?
13. ¿Qué hicieron los indios al llegar a mitad del río?
14. ¿Qué contestó Salcedo cuando los indios le pidieron perdón?
15. ¿A qué conclusión llegaron los indios?

B. **Añada la palabra más apropiada para terminar las siguientes oraciones.**
1. El sobrino de Agüeybana se llamaba _____.
2. Muchos indios creían que los españoles eran _____.
3. Mabó perdió sus _____.
4. El hijo del dios de los españoles amaba hasta a sus _____.
5. Urayoán se puso a hablar con calma pero con _____.
6. Urayoán prometió hacer una _____.

7. A Salcedo le halagaba la idea de ser un _____.
8. A Salcedo le gustaban las _____ indias.
9. Los indios ofrecieron _____ a Salcedo.
10. Cuando llegaron a mitad del río, los indios lo _____.
11. Los indios creían que Salcedo iba a _____.
12. Salcedo no _____ cuando le pidieron perdón.
13. Los indios esperaron _____ días.
14. Luego los indios se dieron cuenta de que Salcedo estaba _____.
15. Por la noche, las _____ proclamaban la noticia.

C. **Sustituya las palabras en letra cursiva con un sinónimo de la siguiente lista. Es posible usar una palabra más de una vez.**

diferente	luchar	muchachas
principal	empezó	nunca
quieren	sucedió	

1. Hermanos, es hora de *pelear*.
2. Eso es *distinto*.
3. Por fin *se puso* a hablar.
4. *Pasó* algo que puso fin a las reflexiones de Salcedo.
5. Podía olvidar a las *mozas* de España.
6. Ellos mismos *jamás* lo dijeron.
7. Agüeybana era el cacique *más importante* de Boriquén.
8. *Desean* tener el metal amarillo.
9. Guaybana *inició* la reunión.
10. *Aman* hasta a sus enemigos.

D. Indique con sí o no delante de cada oración si es verdad o no. Si no es verdad, haga los cambios necesarios para que sea verdad.

1. _____ Los caciques discutían el mal trato que recibían los españoles de los indios.
2. _____ Agüeybana dijo que era hora de pelear.
3. _____ Guarionex quería pelear.
4. _____ Los indios no negaban que eran dioses.
5. _____ Guaraca perdió sus propiedades.
6. _____ Las tierras de Urayoán estaban en el este.
7. _____ Los indios ahogaron a Salcedo en un lago.
8. _____ Después de ahogarlo, esperaron tres días y tres noches.
9. _____ El gran dios blanco estaba vivo.
10. _____ El indio dijo que los españoles eran dioses.

E. Temas para discusión en clase o para composiciones escritas:

1. Analice lo que dijo Mabó: "Un dios de amor, que amaba hasta a sus enemigos. ¡Qué distinto de ellos!"
2. Discuta los problemas que pueden ocurrir cuando entran en contacto dos culturas.

> Cantar bien o cantar mal
> en el campo es natural,
> pero delante de la gente
> cantar bien o no cantar.

3 | Guanina

Este relato se basa en una de las leyendas más conocidas del famoso historiador y cuentista de Puerto Rico, Cayetano Coll y Toste.

Coll y Toste nació en Arecibo, en la costa norte de Puerto Rico, en 1850. Estudió medicina en España y practicó la medicina con éxito en su pueblo natal de Arecibo, y más tarde, en San Juan. También sirvió en puestos políticos con el gobierno español y con el gobierno de los Estados Unidos. Su labor como escritor también fue grande. Una de sus muchas obras, Leyendas puertorriqueñas, *nos sirve de fuente de información no sólo para la famosa historia de Guanina, sino también para otras historias que leeremos más adelante.*

Coll y Toste murió en España en 1930, donde había ido para continuar sus investigaciones históricas.

Él era un gallardo y valiente caballero español.

Ella era una hermosa india, la hermana de un cacique.

Y se querían. Se querían aunque la paz que al principio existía entre sus dos pueblos se rompía por el mal trato que recibían los indios. Se querían aunque el hermano de la joven india era el cacique Guaybana que instaba a los indios a sublevarse.

Nuestro caballero se llamaba Don Cristóbal de Sotomayor, y estaba sentado en su casa en la aldea de Agüeybana. De repente se presentó Guanina, que así se llamaba la hermosa muchacha, y con voz llena de angustia, le dijo:

—Debes huir. Los caciques de Boriquén han decidido luchar. Han decidido matarte.

—Estás exagerando, Guanina. Los indios viven en paz.

—No estamos vencidos, señor. Y sabes que los tuyos nos tratan con mucha crueldad. Nos hacen trabajar mucho. Quieren ser nuestros amos y no nuestros amigos.

—Veo que tú estás rebelde también.

—Digo lo que siento porque quiero salvarte, amor mío.

Con esto, Guanina rompió a llorar y el joven hidalgo la retuvo entre sus brazos, besándola cariñosamente. De repente, llegó el intérprete de Don Cristóbal y le confirmó lo que decía Guanina: los indios estaban en rebelión. El intérprete también le aconsejó huir pero Don Cristóbal le contestó con enojo que los Sotomayor no huían jamás, y que no pensaba cambiar sus planes para viajar a la Villa de Caparra[1] al día siguiente.

Temprano por la mañana, Don Cristóbal llamó a Guaybana, el cacique principal de Boriquén y hermano de Guanina, y le dijo que nombrara un grupo de sus hombres para llevar el equipaje. Fruncido el ceño pero con cortesía, el cacique prometió cumplir las órdenes, y salió. Pronto llegó un grupo de indios que se repartieron el equipaje. El intérprete expresó sus inquietudes a Don Cristóbal porque éste le había revelado a Guaybana la ruta del viaje.

Despidiéndose por última vez de Guanina con un beso ardiente, Don Cristóbal y sus compañeros de armas se pusieron en camino. Pronto se internaron en los espesos bosques. De repente oyeron gritos. Era Guaybana y sus guerreros que se acercaban para el ataque. Los indios que cargaban el equipaje de los

---

[1] Colonización fundada por Ponce de León, cerca del sitio actual de San Juan.

españoles, como no estaban armados, botaron o robaron sus cargas y se fueron corriendo por el bosque.

Don Cristóbal y su pequeño grupo de amigos recibieron el ímpetu de Guaybana y sus guerreros que se lanzaron sobre ellos. La lucha fue cuerpo a cuerpo, las espadas de los españoles contra las macanas[2] de los indios. Ambos grupos gritaron. Las macanas de los indios volaban partidas por el buen acero de las espadas españolas. Pero los guerreros de Guaybana pelearon bien y pronto cayeron todos los españoles menos Don Cristóbal. Éste trataba de acercarse a Guaybana cuando recibió un tremendo macanazo en la cabeza que le quitó la vida.

Un tiempo después, Guaybana y los suyos estaban descansando en una loma cercana. —Don Cristóbal era muy valiente. Es preciso enterrarlo con los honores de un gran guerrero —dijo Guaybana.

Pero cuando los de la comitiva india llegaron al sitio del combate, encontraron que Guanina ya estaba allí, besándole y lavándole la cara a su amante, tratando inútilmente de devolverle la vida. Volvieron los indios e informaron a Guaybana.

—Está bien. Respeten el dolor de Guanina, amigos míos. Mañana será sacrificada sobre la tumba de su amante para poder acompañarlo en la otra vida.

Pero no fue necesario. Cuando volvieron los indios al lugar de la batalla, encontraron a Guanina ya muerta, descansando su cabeza sobre el pecho del hidalgo español. Fueron enterrados juntos al pie de un árbol grande. Brotaron después sobre esta tumba amapolas rojas y lirios blancos. Y dicen los campesinos del lugar que al atardecer se escuchan entre la brisa dulces cantos de amor. Se cree que son las almas de Don Cristóbal y de Guanina que, fieles a su gran amor, salen de la tumba para mirar la puesta del sol y besarse bajo los rayos de la luna.

---

[2] Armas parecidas a las hachas, empleadas por los indígenas. El astil era de madera y la hoja, de pedernal.

Ejercicios

A. Conteste con una oración completa.

1. ¿Dónde nació Cayetano Coll y Toste?
2. ¿Qué estudió en España?
3. ¿Cómo se llama una de sus obras?
4. ¿Quién era Guanina?
5. ¿Quién era su hermano?
6. ¿Qué le aconsejó Guanina a Don Cristóbal? ¿Por qué?
7. ¿Quién más le aconsejó lo mismo a Don Cristóbal?
8. ¿Qué les contestó Don Cristóbal?
9. ¿Adónde pensaba viajar Don Cristóbal?
10. ¿Quiénes llevaron el equipaje de los españoles?
11. ¿Qué hicieron éstos cuando se acercaron los guerreros de Guaybana?
12. ¿Qué arma usaron los españoles?
13. ¿Con qué armas pelearon los indios?
14. ¿Cómo murió Don Cristóbal?
15. ¿Qué opinión tenía Guaybana del valor de Don Cristóbal?
16. ¿Dónde encontró la comitiva india a Guanina?
17. ¿Para qué debía ser sacrificada Guanina?
18. ¿Por qué no mataron los indios a Guanina?
19. ¿Dónde fueron enterrados Don Cristóbal y Guanina?
20. ¿Qué dicen los campesinos del lugar?

B. Añada la palabra más apropiada para terminar las siguientes oraciones.

1. Guanina era la hermana de un _____.
2. Los españoles trataron mal a los _____.

3. El _____ de Don Cristóbal confirmó lo que decía Guanina.
4. Don Cristóbal contestó que los Sotomayor no _____ jamás.
5. Guaybana nombró un grupo de sus hombres para llevar el _____.
6. Don Cristóbal se despidió de Guanina con un beso _____.
7. La _____ fue cuerpo a cuerpo.
8. Don Cristóbal recibió un _____ en la cabeza.
9. Lo enterraron con los _____ de un gran guerrero.
10. Guanina trataba inútilmente de devolverle la _____.
11. Los indios volvieron al lugar de la _____.
12. Don Cristóbal y Guanina fueron enterrados _____.
13. Amapolas y _____ brotaron después sobre la tumba.
14. Al atardecer, los campesinos _____ cantos de amor.
15. Las almas de Don Cristóbal y de Guanina son _____ a su gran amor.

C. Sustituya las palabras en letra cursiva con un sinónimo de la siguiente lista.

acompañarlo	ir	pelearon
llegó	salió	expresó
lugar	mirar	
ambos	llevaron	

1. Don Cristóbal pensaba *viajar* a la Villa de Caparra.
2. Los indios *cargaron* el equipaje.
3. Llegaron al *sitio* del combate.
4. Puede *estar con él* en la otra vida.
5. Quieren *ver* la puesta del sol.
6. Guanina *se presentó* de repente.

7. El cacique *se fue*.
8. Los guerreros *lucharon* bien.
9. *Los dos* grupos gritaron.
10. El intérprete *reveló* sus inquietudes.

D. **Tema para discusión en clase o para composición escrita:**

Discuta los problemas del amor y del matrimonio cuando el muchacho y la muchacha son de diferentes culturas.

Si el soldado te quiere,
quiérelo nena,
que no ha de ser soldado
toda la vida.

4 | Los milagros de Nuestra Señora de Monserrate

En el suroeste de Puerto Rico, entre San Germán y Mayagüez, se encuentra el pueblo de Hormigueros. La carretera principal que va entre esas dos ciudades pasa al lado de Hormigueros, pero el viajero puede apreciar la situación del pueblo construido donde termina el fértil valle y empiezan las montañas. Y precisamente en uno de los puntos más altos se encuentra la catedral.

Esa catedral es el santuario de Nuestra Señora de Monserrate.[1]

En una tarde fresca de marzo subimos al santuario. El capellán nos acompañó en nuestra visita, mostrándonos los cuadros y las imágenes. Son bellas creaciones de artistas desconocidos del siglo XVII. La imagen de la Virgen de Monserrate que se carga en las procesiones es pequeña pero bellamente labrada. El santuario fue construido hace más de tres siglos. Lo fundó el hombre del que vamos a hablar en esta historia.

---

[1] La adoración de Nuestra Señora de Monserrate se originó en la región de Cataluña, en España.

Giraldo González era un agricultor que poseía extensas tierras en el suroeste de Puerto Rico, cerca de lo que es hoy el pueblo de Hormigueros. Estas tierras incluían no sólo fértiles llanuras sino también lomas frondosas.

Un día Giraldo subió a una de esas lomas en busca de bejucos para hacer canastas. Iba tan atento a su trabajo que no se dio cuenta de que se le acercaba un enorme toro salvaje. De repente oyó el rugido del toro y vio que éste le atacaba. Era un hombre valiente pero comprendió que nada podía hacer. De la sorpresa había dejado caer su machete al lado de los bejucos. No había un árbol cerca para trepar y estaba junto a un precipicio. Y el toro ya le venía encima. Así que, con voz angustiada, gritó: —¡Favoréceme, divina Señora de Monserrate!

De repente todo era calma. El toro estaba mansamente arrodillado y había bajado la cabeza hasta el suelo. No tenía ya la menor intención de hacer mal a nadie. Y en el cielo había aparecido la Virgen de Monserrate con el Niño Jesús en los brazos. Y el toro estaba arrodillado obedeciendo un gesto que hacía el Niño con la mano.

Profundamente impresionado y agradecido, Giraldo González empezó a construir un santuario en ese lugar. Aún no estaba terminado cuando ocurrió el segundo milagro.

Giraldo tenía una hija de ocho años. Un día esta hija se perdió. En vano la buscó su padre durante varios días. En vano la buscaron los familiares y amigos del angustiado padre. En vano se organizaron patrullas de exploradores. Finalmente, después de quince días, cuando ya se perdían las esperanzas, la encontraron. Y la encontraron sana, limpia, bien cuidada, y al parecer, bien alimentada.

La niña se había protegido del frío y las lluvias durmiendo en el tronco hueco de un árbol grande. Pero este hecho no bastaba para explicar el buen estado en que se encontraba. Giraldo le preguntó:

—Pero, hija, ¿no tenías miedo?

—Al principio sí, pero después vino la mujer y ella estaba conmigo y me consolaba.

—Pero, ¿qué comiste?

—Ah, la mujer también me trajo frutas y legumbres.

—Pero, hija, no entiendo. ¿Quién es esa mujer? ¿Cómo era? ¿Por qué no la vieron los que te encontraron?

—No sé, pero ella era muy dulce. Tenía la tez morena y los ojos eran negros y brillantes. Era muy linda.

Entendió Giraldo que la Virgen de Monserrate había intervenido otra vez en su favor, y se dedicó con más fervor al culto de ella. Terminó de construir el santuario y, años después cuando murió su esposa, se hizo sacerdote. Así, como capellán del santuario, pudo dedicarse por completo al servicio de su protectora, que de esta forma vino a ser la patrona del pueblo de Hormigueros, que se fundó en aquel lugar.

Así, durante más de 350 años se ha mantenido vivo el culto a la Virgen de Monserrate en el pueblo de Hormigueros. Las fiestas patronales[2] se celebran en los últimos días de agosto y la primera semana de septiembre. El espíritu religioso que prevalece durante estos días en que el pueblo de Hormigueros honra a su Virgen protectora es un digno ejemplo para todo Puerto Rico de cómo se deben celebrar las fiestas patronales.

Ejercicios

A. **Conteste con una oración completa.**

1. ¿Qué poseía Giraldo González?
2. ¿Para qué subió a una de las lomas?
3. ¿Por qué no se dio cuenta de que el toro se acercaba?
4. ¿Por qué no podía hacer nada?
5. ¿Qué hizo?
6. ¿Dónde apareció la Virgen?

---

[2]Por toda la Isla, los pueblos y las ciudades celebran fiestas patronales, o sea, festejos anuales en honor de su santo patrón. En la actualidad, estas fiestas han perdido mucho de su carácter religioso.

7. ¿Quién estaba en los brazos de la Virgen?
8. ¿Qué hizo el toro? ¿Por qué?
9. ¿Cuántos años tenía la hija de Giraldo?
10. ¿Qué le pasó a la hija?
11. ¿Cuándo la encontraron?
12. ¿En qué estado se encontraba?
13. ¿Dónde durmió?
14. ¿Qué comió?
15. ¿Cómo entendió la situación Giraldo?
16. ¿Qué construyó Giraldo? ¿Dónde?
17. ¿Qué hizo cuando murió su esposa?
18. ¿Cuándo se celebran las fiestas patronales de Hormigueros?
19. ¿Dónde se encuentra el pueblo de Hormigueros?
20. ¿Qué puede ver el viajero desde la carretera?

B. Añada la palabra más apropiada para terminar las siguientes oraciones.

1. Las _____ incluían llanuras y lomas.
2. Giraldo oyó el _____ del toro.
3. Giraldo era un hombre _____.
4. No había un _____ cerca para trepar.
5. Giraldo dejó caer su _____.
6. El toro había bajado la _____ hasta el suelo.
7. Giraldo empezó a _____ un santuario.
8. Giraldo _____ a la niña durante varios días.
9. El tronco del árbol era _____.
10. La niña dijo que no tenía _____ porque la mujer la consolaba.
11. Los que la encontraron no _____ a la mujer.

12. La Virgen de Monserrate _____ dos veces en favor de Giraldo.
13. Giraldo se hizo sacerdote y _____ del santuario.
14. Hormigueros es un digno _____ para todo Puerto Rico.
15. Un espíritu religioso _____ durante estos días.

C. **Sustituya las palabras en letra cursiva con sinónimos de la siguiente lista. Es posible usar una palabra más de una vez.**

bella	organizaron	ocurría
grande	empezaron	estaba
muy	así	poseía

1. El toro era *enorme*.
2. La imagen es muy *hermosa*.
3. Estaba *profundamente* impresionado.
4. Se *formaron* patrullas de exploradores.
5. La mujer era muy *linda*.
6. *De esta forma* vino a ser la patrona del pueblo.
7. *Comenzaron* a construir el santuario.
8. *Se encontraba* junto a un precipicio.
9. *Tenía* extensas tierras en el suroeste.
10. No entendió lo que *sucedía*.

D. **Tema para discusión en clase o para composición escrita:**

Analice la importancia de conservar (o de rechazar) las tradiciones.

El alma tengo partida
y el corazón en pedazos,
hasta no verme en tus brazos
linda niña, mi querida.

5 | La Vuelta de la Culebra

La tranquila ciudad de Guayama, que se conoce como la Ciudad Bruja por razones que veremos en otra leyenda, está localizada en el sur de la Isla.

Hacia el norte de la ciudad pueden admirarse las majestades en ricos tonos de verde; al sur, el plácido Mar Caribe, de azules intensos y blancas playas. Las limpias calles son simétricas de tal manera que desde la alta verdura puede apreciarse la romántica belleza de todo el pueblo. En el centro se levanta la iglesia católica, solemne estructura del siglo XVII. Antes de la industrialización y el progreso económico, Guayama era un pueblo pequeño, y todos sus habitantes se conocían. Era una época de dificultades económicas pero rica en pintorescas tradiciones e interacción social. Era la época feliz y romántica de serenatas, misas de gallo[1] y rosarios de cruz.[2] Las noches al salir de la novena,[3] las damas se reunían en los balcones a comentar los chismes del pueblo y los caballeros formaban tertulias en los cafés y en la plaza para lo mismo, pero ellos decían que hablaban de política. Las jóvenes parejas paseaban de

---

[1] Misa celebrada la víspera antes de Navidad.
[2] Costumbre popular según la cual unos músicos visitan las casas de la gente del pueblo para cantar ante la Santa Cruz hasta la madrugada. Normalmente tiene lugar en mayo.
[3] Oraciones rezadas durante un período de nueve días.

brazo por la plaza o se amparaban en la penumbra de un banco debajo de un frondoso árbol a disfrutar de un furtivo beso y a soñar con… lo que sueñan los enamorados.

Al sur, el pueblo terminaba en una carretera sinuosa, de curvas parecidas a una culebra en movimiento, razón por la cual la gente la llamaba la Vuelta de la Culebra. El origen de este camino se remonta a la época de la esclavitud.

Allá para el 1700 en las campiñas que bordean el sur de Guayama, existía la hacienda de la familia Rodríguez. Esta familia era muy querida y respetada por sus esclavos a quienes trataban con rectitud, consideración y afecto. Allí vivía una pareja de esclavos muy enamorados, Mercé y Cayo. Toda la hacienda sabía que se adoraban. Ya el amo les concedió permiso para casarse y los preparativos habían comenzado.

Siempre se veían juntos hablando de su próxima boda, de los muchos hijos que tendrían y de la felicidad que brinda el amor. Cayo la amaba tierna y profundamente. Lo único importante en su vida era su Mercé. Ella a su vez sólo pensaba en él y por él vivía; Cayo llenaba cada rincón de su joven alma; sus días y sus noches estaban consagrados a venerarlo.

Por esos días, el amo compró una docena de esclavos. En el grupo vino una mulata joven, hermosa y voluptuosa. El negro cabello lacio y abundante le llegaba hasta la estrecha cintura, enmarcando las anchas caderas. Su cimbreante caminar despertaba pasiones tormentosas aun en los más ancianos y virtuosos. Cayo también sucumbió ante la salvaje hermosura y coquetería de Faní. Comenzó a rondarla, a tratar de conquistarla. Amaba a su Mercé, pero Faní lo perturbaba. Sentía un deseo intenso de poseerla y la asediaba continuamente.

Al ver su felicidad en peligro, Mercé intentó retener al amor de su vida por todos los medios. Sufría amargamente al ver que lo perdía. Sin embargo, le quedaba un recurso, uno que a ella le repugnaba por su condición de católica convertida. Pero su angustia pudo más que su fe, y acudió a una bruja.

La bruja le preparó un trabajo consistente en varios aceites, yerbas, hojas y líquidos. En esta mezcla remojó una piel de culebra hembra por nueve días; luego la colgó en un árbol de anacaguita[4] por tres días y tres noches. A la tercera noche, de luna llena y al dar la medianoche, descolgó la piel. Luego, con cánticos y oraciones en un dialecto que sólo ella conocía, amarró dos muñecos de trapo con la piel de la culebra. Luego enterró los muñecos, que representaban un hombre y una mujer, debajo del árbol. Mercé presenció la macabra escena y, aunque aterrada, se sintió animada porque la bruja le aseguró que Cayo jamás la abandonaría, pues la piel de culebra lo tendría para siempre junto a ella. De acuerdo al hechizo, para la próxima luna llena la pareja estaría felizmente casada, y la intrusa haría como la culebra. Se arrastraría por el bosque y no la verían más.

Pero la bruja era vieja y a veces, como en este caso, confundía los nombres y las personas. Y enterró los muñecos con los nombres de Faní y Cayo.

Mercé esperó ansiosa a su amado, contando los días hasta la luna llena. Ya faltaba poco. Feliz, preparaba su ajuar de novia y anunció a su familia y sus amigos su matrimonio. ¡Faltaba un día! Llegó la última noche de la espera. Entonces le trajeron la noticia. Cayo y Faní se habían casado esa tarde en la misma iglesia de donde ella había soñado salir del brazo de Cayo. Mercé sintió que el corazón se le despedazaba; el dolor la estremeció y salió corriendo y gritando como loca hacia el bosque. Al otro día los esclavos de la hacienda notaron con asombro un camino que apareció en la llanura igual a una culebra en movimiento.

Nadie volvió a ver a Mercé.

---

[4]Árbol típico de Puerto Rico.

Ejercicios

A. Conteste con una oración completa.

1. ¿Dónde se encuentra la ciudad de Guayama?
2. ¿Qué hay en el centro del pueblo?
3. ¿Cuándo se conocían todos sus habitantes?
4. ¿Dónde se reunían las damas?
5. ¿Qué comentaban?
6. ¿Dónde se reunían los caballeros?
7. ¿Qué hacían los jóvenes?
8. ¿Qué hay al sur del pueblo?
9. ¿Cuándo ocurrieron los sucesos de esta leyenda?
10. ¿A qué familia pertenecía la hacienda?
11. ¿Cómo se llamaban los enamorados?
12. ¿De qué hablaban?
13. ¿Qué compró el amo?
14. ¿Quién vino en el grupo?
15. ¿Cómo era?
16. ¿Qué hizo Cayo?
17. ¿Qué recurso le quedaba a Mercé?
18. ¿Por qué confundió la bruja los nombres y las personas?
19. ¿Con quién se casó Cayo?
20. ¿Qué le pasó a Mercé?

B. ¿Cuáles de las siguientes palabras describen a Mercé?

esclava	bruja	cruel
vieja	joven	católica
enamorada	supersticiosa	temerosa

La Vuelta de la Culebra

¿Qué palabras describen a la familia Rodríguez?

recta	bondadosa	cruel
generosa	respetada	esclava
justa	pobre	rica

C. Termine las oraciones con las palabras más apropiadas.

1. "Majestades en ricos tonos de verde" se refiere a
   a. las casas.
   b. las montañas.
   c. la gente.
   d. las playas.

2. Según la leyenda, la Vuelta de la Culebra fue resultado de
   a. un hechizo.
   b. un temblor.
   c. la labor de los esclavos.
   d. una formación natural.

3. Los caballeros se reunían para
   a. hablar de política.
   b. comentar los chismes.
   c. pasearse por la plaza.
   d. hablar de la industrialización.

D. Sustituya las palabras en letra cursiva con sinónimos de la siguiente lista. Es posible usar una palabra más de una vez.

pueblo	virtuosos	intentó
dificultades	tertulias	llegó
tranquilo	recurso	amaba

1. Los caballeros hacían *reuniones* en los cafés.
2. Mi *ciudad* de Guayama está en el sur.
3. Era una época de *problemas*.

4. Cayo *adoraba* a Mercé.
5. El mar se ve *plácido* desde aquí.
6. *Trató de* retenerlo por todos los medios.
7. Aun los hombres *buenos* la asediaban.
8. Ella dijo que no lo *quería*.
9. Con el grupo *vino* una mulata joven.
10. Era el único *medio* que le quedaba.

E. Temas para discusión en clase o para composiciones escritas:

1. Comente sobre lo que una persona debe hacer cuando siente que su amor se va (¿llorar un poco o buscar otro?).
2. ¿Existen o no las brujas?

> Mi mujer y mi caballo
> se me murieron a un tiempo.
> Qué mujer ni qué demonio:
> ¡Mi caballo es lo que siento!

6 | La garita del diablo

La garita del diablo

Aunque Coll y Toste escribió una versión de la leyenda de la garita del diablo, nos hemos apartado un tanto de ésta para basarnos en la de otro de los grandes cultivadores de la leyenda: Manuel Fernández Juncos. Éste nació en España en 1846 y llegó a Puerto Rico en 1857. Fue periodista, literato y ensayista. Escribió sobre la política, sobre las costumbres y sobre la historia. Escribió prólogos y biografías. El género costumbrista lo fascinaba y una de sus obras más importantes fue Tipos y caracteres puertorriqueños. *Podemos considerar que él es el forastero en el cuento.*

En el extremo norte del Castillo de San Cristóbal, hay una pequeña extensión de tierra que penetra en el mar. Como los tiempos eran de guerras e inquietudes, los españoles construyeron en esta extensión de tierra una garita desde donde podía verse toda la costa norte en las cercanías de San Juan, de manera que ninguna flota enemiga podía acercarse al puerto sin ser vista.

La garita se comunicaba con el Castillo de San Cristóbal por medio de un pasaje subterráneo. Cada dos horas se mandaba el relevo al centinela encargado de la guardia en la garita.

Durante algún tiempo parece que todo fue bien. Pero una noche, cuando llegó el cabo de guardia junto con el soldado de relevo a la garita, no encontraron a nadie. Gritaron. Buscaron. Todo fue inútil.

Pasaron algunos meses y lo mismo volvió a ocurrir. Esta vez encontraron el fusil dentro de la garita pero el soldado mismo no apareció. Y después, dos o tres soldados más desaparecieron de la misma forma. El miedo a lo desconocido y al misterio se extendió entre las tropas, y por fin la guardia de San Cristóbal dejó de poner centinelas en aquel sitio. Se cerró el pasaje que conducía a la garita, que desde aquel momento quedó abandonada. Según las creencias populares, el mismo diablo venía a llevarse a los infortunados guardias.

Muchos años después, unos campesinos comentaban estos sucesos con un forastero. Sus caras revelaban la emoción y el terror que los dominaban —todos con excepción de un viejito que con sonrisa burlona escuchaba los comentarios sin decir nada. Pero su actitud no pasó desapercibida por parte del forastero. Éste, interesado en el caso, buscó al viejito para preguntarle la razón por su actitud. ¿Acaso no creía en el diablo?

Al principio el viejito no quería hablar y, sólo después de tomar ciertas precauciones y de averiguar a su vez la identidad del forastero, contestó la pregunta.

—No es que no creo en el diablo, señor, pero el diablo no tuvo que ver con la desaparición de los guardias, al menos no con todos los guardias. Pero, déjeme explicar.

—En mi juventud yo servía en un batallón acuartelado en San Cristóbal, e hice guardia muchas veces en la que llamábamos entonces garita del mar. No era agradable. El sitio era solitario, frío, húmedo y, por lo general, hacía mucho viento.

—Una noche lluviosa me tocó turno desde las once hasta la una. Tenía dos cigarros que acababa de comprar y me entraron muchas ganas de fumar. Aunque se prohibe fumar cuando uno está de guardia, la tentación por fin era demasiado fuerte. Me senté en la garita y quise prender uno de los cigarros. En ese momento un chorro de agua de una ola grande penetró por la ventanilla de la garita y me mojó el yesquero.

—Muy contrariado, me puse a maldecir mi mala suerte cuando, de repente, me fijé en la luz por la costa al oeste del Castillo. La luz venía de una casucha, y como por lo visto había gente despierta, pensé que allí podría encender mi cigarro. Calculé que podía ir y volver en unos diez minutos.

—Sin pensarlo más, me puse a caminar en dirección de la luz. Llegué a una tienda pequeña donde encendí mi cigarro y pedí una copa de aguardiente. Entonces supe que la tienda estaba abierta porque el dueño estaba celebrando el bautizo de una niña. De una de las salas interiores se oía música. La obligación me llamaba, pero antes de volver a la oscura garita quería satisfacer mi curiosidad asomándome a la puerta de la sala. ¡Qué música más sabrosa, y qué chicas, por Dios! Sobre todo había una morena de ojos de fuego, de quien no podía quitar la vista.

—Pero era necesario volver. Tomé una decisión heroica y llegué hasta la puerta de la tienda. Pero caía ahora un fuerte aguacero, y pensé que debía esperar hasta que escampara un poco. Así que volví a la sala de baile y al rato pude conversar con la linda morena. Bailé unas piezas con ella y comenzaba a declararle mi amor eterno cuando de repente oí la campana del castillo anunciando la hora de relevo. Salí de la tienda sin despedirme, pero cuando llegué a unos cien metros de la garita, me di cuenta de que era demasiado tarde. Ya el cabo y el soldado que me relevaba andaban con linternas buscándome.

—La Ordenanza Militar es inflexible en cuanto al centinela que abandone su puesto: la pena de muerte. Así que no pude volver al castillo y debía aprovechar las horas de la noche para escaparme. Corrí hasta la playa, robé un bote y por fin llegué a este barrio donde un humilde campesino compartió su choza conmigo. Trabajé un tiempo con él, aprendí a cultivar la tierra, y por fin adquirí unas tierras donde construí mi propio bohío y fundé una familia, y ahora me ve usted convertido en un jíbaro[1] neto.

---

[1] Se refiere a un habitante de zonas rurales. Típicamente se considera que el *jíbaro* representa lo más auténtico en cuanto a las costumbres y valores puertorriqueños.

Así que el diablo no era el único responsable de lo que pasó con los centinelas que desaparecieron de la garita del diablo.

A menos que esa linda morena de ojos de fuego fuera una agente del diablo.

¿Quién sabe?

EJERCICIOS

A. Conteste con una oración completa.

1. ¿Dónde y cuándo nació Manuel Fernández Juncos?
2. ¿Cuándo llegó a Puerto Rico?
3. ¿Sobre qué escribió Manuel Fernández Juncos?
4. ¿Qué género le fascinaba y cuál fue una de sus obras más destacadas?
5. ¿Qué hay en el extremo norte del Castillo de San Cristóbal?
6. ¿Quiénes construyeron la garita? ¿Para qué?
7. ¿Cómo se comunicaba la garita con el Castillo de San Cristóbal?
8. ¿Qué pasaba con los centinelas que estaban encargados de la guardia en la garita?
9. ¿Qué creía la gente sobre la desaparición de los soldados?
10. ¿Con quién comentaban estos sucesos unos campesinos?
11. ¿Quién escuchaba los comentarios sin decir nada?
12. ¿Por qué buscó este forastero al viejito?
13. ¿Qué hacía este viejito en su juventud?
14. ¿Qué le pasó en el momento en que iba a prender uno de sus cigarros?
15. ¿Dónde prendió el cigarro?
16. ¿Por qué estaba abierta la tienda?
17. ¿Por qué se quedó el viejito más tiempo en la tienda?

18. ¿Qué pasó cuando él comenzaba a declararle su amor a la morena de ojos de fuego?
19. De acuerdo a la Ordenanza Militar, ¿qué pasa al centinela que abandona su puesto?
20. ¿Qué hizo el viejito cuando se dio cuenta de que no podía volver al castillo?

B. Añada la palabra más apropiada para terminar las siguientes oraciones.

1. En el norte del Castillo de San Cristóbal hay una extensión de _____ que penetra en el mar.
2. Los españoles construyeron en esta extensión de tierra una _____.
3. La garita se comunicaba con el Castillo de San Cristóbal por medio de un pasaje _____.
4. Varios _____ desaparecieron al estar velando en la garita.
5. Por fin se cerró el _____ que conducía a la garita.
6. Según creencias populares el _____ venía a llevarse a los infortunados guardias.
7. Unos _____ comentaban estos sucesos con un forastero.
8. El forastero buscó al _____ para preguntarle la razón por su actitud.
9. El viejito hizo _____ muchas veces en la garita durante su juventud.
10. El sitio era _____, frío y húmedo.
11. Cuando quiso prender su cigarro, un chorro de agua le mojó el _____.
12. Llegó a una _____, donde pudo encender su cigarro.
13. Caía un fuerte _____.

14. La Ordenanza Militar es _____ en cuanto al centinela que abandona su puesto.

15. El viejito se convirtió en un _____ al tener que huir del castillo.

C. **Sustituya las palabras en letra cursiva con sinónimos de la siguiente lista.**

contrariado	menos	comenzaba
forma	agradable	mandaba
inútil	choza	
penetraba	según	

1. El agua *entraba* por la ventanilla.
2. Cada dos horas se *enviaba* el relevo al centinela.
3. Todo fue *en vano*.
4. El lugar no era *ameno*.
5. Dos o tres soldados más desaparecieron de la misma *manera*.
6. *De acuerdo con* las creencias populares, el diablo se llevaba a los guardias.
7. Todos tenían miedo *con excepción de* un viejito.
8. Muy *disgustado*, se puso a maldecir su mala suerte.
9. *Empezaba* a declararle mi amor eterno.
10. Un humilde campesino compartió su *casita* conmigo.

D. **Tema para discusión en clase o para composición escrita:**

Piense en las obligaciones militares. ¿Hizo bien el hombre en escaparse?

> Quisiera ser la pintura
> de tu delantal rosado,
> para estar siempre abrazado
> a tu bonita cintura.

7 | Cofresí (Primera parte)

para el siguiente relato, además de los datos rigurosamente históricos, nos hemos valido no sólo del cuento de Coll y Toste, sino también de la novela histórica de Alejandro Tapia y Rivera, titulada simplemente Cofresí. *Nació Tapia en San Juan en 1826. Fue a Madrid a estudiar, como resultado de un duelo con un oficial de artillería que causó su destierro. Se dedicó a la investigación histórica y a la enseñanza, además de ser un autor destacado. El teatro más famoso de San Juan lleva su nombre.*

En un tiempo el nombre de Cofresí era temido y respetado por las costas del sur del oeste de Puerto Rico.

Fue perseguido en el mar por barcos de guerra enviados por el gobierno de los Estados Unidos y en tierra por las tropas españolas.

Era el rey de los piratas. No podemos, por lo tanto, decir que era un hombre bueno, pero tenía un carácter digno de mejor destino. Era valiente, ingenioso, hábil y generoso. Tenía un don de mando natural. Tenía fama de ser una especie de Robin Hood boricua, pues repartía gran parte de su botín entre los pobres.

En otro tiempo y en otras circunstancias, hubiera podido ser, tal vez, un héroe militar.

Pero era pirata.

Los sucesos que vamos a relatar ocurrieron hacia el final de su carrera.

Ya iba mar adentro después de unos días en tierra durante los que él y su tripulación descansaron y consiguieron provisiones. Iba de noche en su veloz goleta la *Ana*. Salía de su lugar de escondite entre los islotes que bordean la costa sur de Puerto Rico e iba charlando con su buen amigo Ricardo. Ricardo había aprovechado estar en tierra para ver a su novia. De repente hubo un grito. —¡Vela a la vista!

Cofresí gritó una orden y la *Ana* cambió de rumbo para acercarse más al otro barco. Una hora más tarde a la luz del amanecer, divisaron los piratas más claramente el otro barco, que resultó ser danés. Vieron que no era un barco de guerra y juzgaron que debía ser presa fácil. Así empezaron a perseguirlo. Sospechando que los de la goleta fueran piratas, los daneses se huyeron. Sin embargo, pronto se dieron cuenta de que la fuga era inútil. La goleta era mucho más veloz que el barco danés. Así pasaron súbitamente e hicieron frente a los piratas.

Cofresí gritó al capitán del barco danés que le enviara un bote. Esta costumbre de pedir a un barco perseguido que enviara uno de sus propios botes tenía su razón de ser: primero, disminuía el número de hombres que podía defender el barco y, segundo, daba rehenes. Y como generalmente los barcos perseguidos no estaban armados, complacían la demanda.

Pero esta vez el resultado fue diferente. En vez de ver obedecidas sus órdenes, los piratas vieron una llama en una apertura del barco. Oyeron algo así como un trueno y vieron cómo pasó cerca una bala de cañón. ¡El barco danés tenía un cañón escondido!

La bala no dio en el blanco, pero como no esperaban resistencia, los piratas se asustaron. Fue necesaria la voz imperiosa de Cofresí para restablecer el orden. Entonces los piratas empezaron a hacer fuego con sus fusiles y con su propio cañón mientras que se acercaban lo más rápidamente posible para efectuar el abordaje. Los tripulantes daneses contestaron el fuego con sus propios fusiles, pero sólo tuvieron tiempo de disparar su propio cañón una vez más. La *Ana* ya estaba al lado y los piratas sujetaron los dos barcos con ganchos de abordaje.

El abordaje no fue cosa fácil, pues los daneses defendieron su barco con mucho valor. Por fin Cofresí y Ricardo llegaron a la cubierta del barco danés después de un furioso combate cuerpo a cuerpo. Los otros piratas los siguieron y por fin pudieron tomar el barco. Cuando terminaba el combate, apareció sobre la cubierta una hermosa mujer con un niño entre sus brazos. Cofresí no pudo impedir la muerte de la mujer, pero intervino para salvar al niño. La nobleza y generosidad que caracterizaban a Cofresí no eran siempre compartidas por los otros tripulantes. Como es bien sabido, algunos de los piratas eran sumamente crueles.

En efecto, el homicida de la mujer y un compañero suyo querían también matar a Cofresí y a su amigo Ricardo para quedarse con la *Ana* y con más botín. Después de cargar con el botín del barco danés y de hacer algunas reparaciones en su propia goleta, Cofresí llevó a los sobrevivientes de la tripulación danesa, ya prisioneros suyos, a una isleta cerca de la costa. Allí los dejó con un par de hachas y un par de fusiles para poder sobrevivir hasta que pudieran ser rescatados. Pero se quedó con el niño, a quien dejaba dormir en su propia litera. A la noche siguiente uno de los presuntos amotinados llegó hasta Cofresí y levantó el puñal para matarlo. En ese momento el niño, que sufría una pesadilla, producto de sus experiencias del día anterior, gritó: —¡Mamá! ¡Mamá!

Cofresí se despertó y antes de caer el puñal, la bala de una de sus pistolas puso fin a la vida del presunto asesino.

A la mañana siguiente los piratas divisaron otra vela. Pero cuando se acercaron un poco, supieron que se trataba de un barco de guerra norteamericano, la *Grampus*, enviado a esas aguas a propósito para buscar a Cofresí. Cofresí se dio cuenta de que era necesario escaparse cuanto antes. Esto no era fácil; la *Grampus* era más veloz que la *Ana*. Pero Cofresí conocía tan bien las aguas por la costa de Puerto Rico que metió su goleta por aguas poco profundas, entre los islotes, donde la *Grampus*, por su mayor tamaño, no se atrevía a seguir. Por fin un chubasco vino en ayuda de los piratas y lograron escaparse de sus perseguidores.

Ejercicios

A. **Conteste con una oración completa.**

1. ¿Dónde nació Tapia?
2. ¿Por qué se fue a Madrid?
3. ¿A qué se dedicó?
4. ¿Quiénes persiguieron a Cofresí?
5. ¿De qué tenía fama Cofresí? ¿Por qué?
6. ¿Qué hubiera podido ser bajo otras circunstancias?
7. ¿Cuándo ocurrieron los sucesos que se relatan aquí?
8. ¿Cómo se llamaba el barco de Cofresí?
9. ¿Dónde estaba escondido?
10. ¿Qué vieron los piratas a la luz del amanecer?
11. ¿De qué se dieron cuenta los daneses?
12. ¿Qué le pidió Cofresí al capitán del otro barco?
13. ¿Qué hicieron entonces los del barco danés?
14. ¿Por qué se asustaron los piratas?
15. ¿Por qué fue difícil el abordaje?
16. ¿Quién apareció sobre la cubierta cuando terminaba el combate?
17. ¿Para qué intervino Cofresí?
18. ¿Por qué querían dos de los hombres matar a Cofresí?
19. ¿Quién le salvó la vida a Cofresí? ¿Cómo?
20. ¿Por qué no atacaron los piratas al segundo barco?

B. Añada la palabra más apropiada para terminar las siguientes oraciones.

1. Su _____ era temido y respetado por las costas del sur.
2. Tenía un carácter _____ de mejor destino.
3. Salieron de su lugar de escondite durante la _____.
4. Ricardo vio a su _____.
5. El otro barco resultó ser _____.
6. Los daneses no _____ la demanda de Cofresí.
7. Con su voz imperiosa, Cofresí _____ el orden.
8. Los otros piratas _____ a Cofresí y Ricardo.
9. La mujer tenía un _____ entre sus brazos.
10. Dejaron a los _____ en una isleta.
11. El niño sufría una _____.
12. La *Grampus* era un barco de _____.
13. Cofresí metió su goleta por aguas poco _____.
14. La *Grampus* no se atrevió a seguir porque era demasiado _____.
15. Los piratas lograron _____ de sus perseguidores.

C. Sustituya las palabras en letra cursiva con sinónimos de la siguiente lista.

asesino	mientras	dedicaron
islotes	salvar	divisaron
sumamente	rápida	
pararon	dispararon	

1. Al amanecer *vieron* otro barco.
2. Se *consagraron* a la investigación histórica.
3. El *homicida* levantó el puñal.

4. Se *detuvieron* e hicieron frente a los piratas.
5. La goleta era más *veloz* que el barco de guerra.
6. Algunos piratas eran *muy* crueles.
7. *Hicieron fuego con* sus fusiles.
8. Intervino para *proteger* al niño.
9. Hay una cantidad de *isletas* al sur de Puerto Rico.
10. Hacían fuego con el cañón *en lo que* se acercaban para el abordaje.

D. **Tema para discusión en clase o para composición escrita:**

Investigue la vida y las hazañas de otros piratas famosos y su manera de vivir.

> Cásate, niña, temprano,
> no hagas como la rosa,
> que pasa de mano en mano
> y el más infeliz la goza.

7 | Cofresí (Segunda parte)

C ofresí, buscado por las autoridades a causa de sus crímenes, pero respetado por la gente a causa de su generosidad, se había encargado de un niño cuando la madre de éste fue matada durante la toma de un barco.

Una noche como a las once, un hombre llamó a la puerta de una casa grande y rústica en el campo cerca del pueblo de Yauco, en el suroeste de Puerto Rico. A pesar de la barba postiza con que se disfrazaba, se veía que era joven. El que vivía dentro de la casa tardó algún tiempo en contestar pero por fin abrió la puerta. Se veía por su modo de vestir que era sacerdote.
—¿Con quién tengo el gusto de hablar?
—Soy un hijo de la mar, reñido con las leyes de los hombres.
—¿Cómo? Perdone, pero no le entiendo.
—Soy lo que llaman los hombres un pirata.
—¡Cofresí! ¡Usted es Cofresí!
—Veo que mi nombre no es misterio para usted.
—Acabo de llegar de Ponce y allí no se habla sino de usted. Hablan de unos navegantes que dejó usted en un cayo, y que fueron recogidos por un barco de guerra norteamericano que lo persiguió a usted en vano hace algunos días. Pero se dice

que van a seguir buscándolo sin descanso por mar y por tierra hasta que quede atrapado.

—Ya me lo imagino. Pero hasta ahora no me han cogido, ¿verdad?

—Algún día le cogerán, hijo mío —respondió el sacerdote con tristeza—. Pero, ¿por qué viene a visitarme?

—Para entregarle estas joyas y este dinero. Son para el cuidado de un niño a quien acabo de dejar con una familia amiga. Sus padres murieron cuando apresamos ese barco del que oyó usted hablar en Ponce. Padre, ¿acepta usted el encargo de velar a ese niño?

—Mi deber es velar a los desgraciados. Y usted mismo debe arrepentirse de sus actos. Debe cambiar de vida.

—Ya es tarde, padre. —Y sin dejar que continuara la conversación, el pirata se despidió y salió a la oscuridad de la noche. El padre José Antonio quedó reflexionando y comprendió que había alguna bondad en el corazón del joven tan tristemente célebre.

Dos días más tarde salió la *Ana* otra vez hacia el mar abierto desde su escondite entre los islotes del sur de Puerto Rico. Después de navegar un tiempo, se vio una vela. Al acercarse más, Cofresí exclamó, —¡La *Anguila*!

Cofresí reconoció el barco. Era parecido al suyo, sólo que más grande y mejor equipado. Pertenecía a un conocido suyo llamado Juan Pieretti. En un tiempo trató de comprarle el barco a Pieretti, mas éste se negó a vendérselo. Cofresí prometió quitárselo a la fuerza y ésta era su oportunidad. La *Anguila* huyó mar afuera perseguida por la *Ana*, pero luego empezó a disminuir su velocidad. Quedó sorprendido Cofresí por la aparente calma y despreocupación de parte de los tripulantes de la *Anguila*. No parecían estar armados y se veía Pieretti tranquilo en medio de ellos. Cofresí gritó, —¡Aquí me tienes, Juan Bautista, dispuesto a quitarte el barco! —y luego a sus propios hombres— ¡Listos para el abordaje!

Pero en eso la cubierta de la *Anguila* se llenó de repente de hombres armados que abrieron fuego con sus fusiles y, al mismo tiempo, se abrió una porta revelando un cañón que, al disparar desde la corta distancia, mandó una bala que abrió un hueco en el casco de la *Ana* a flor de agua. ¡La aparente huida de la *Anguila* había sido una trampa, pues estaba muy bien armada! Los piratas contestaron el fuego con sus propios fusiles y su propio cañón. Pero no pudieron competir con el inmenso número de hombres contra quienes combatían, ya que la tripulación de la *Anguila* había sido escogida con el único fin de hacerle caza a Cofresí, e incluía hombres entrenados para la guerra, entre otros, algunos de la *Grampus*. Los que manejaban el cañón eran artilleros profesionales y mandaban una bala tras otra contra la línea de flotación de la *Ana*. Pronto Cofresí se dio cuenta de que no podía ganar en aquella desigual lucha y trató de huir. Pero la *Ana*, severamente averiada por el bombardeo, se hundía. Sin embargo, pudo llegar más cerca de la costa donde los piratas se echaron al agua para salvarse. Algunos luego fueron capturados pero Cofresí y Ricardo, disfrazándose con los ramos de plantas acuáticas, llegaron a la orilla y luego descansaron un tiempo en un bosque. Luego, después de buscar alimento en una tienda, se separaron, pues Ricardo, como era menos conocido, esperaba procurarles caballos para los dos. Sin embargo, antes que pudiera regresar Ricardo, Cofresí fue descubierto por una de las muchas patrullas que lo buscaban. Intentó oponer resistencia pero fue herido y así pudo ser capturado.

Luego de curarse algo las heridas, Cofresí fue conducido a San Juan por una escolta militar de 25 hombres. Fue inútil un intento de Ricardo de rescatar a su amigo y pagó con su vida. La bala de uno de los soldados le atravesó el corazón.

Por distintos caminos llegaron a San Juan los piratas prisioneros. Fueron juzgados Cofresí y diez compañeros suyos en consejo de guerra y condenados a muerte. El padre José Antonio también llegó a San Juan para acompañar a los piratas en sus últimos momentos e iba junto a ellos cuando caminaban hacia el lugar de ejecución. Poco antes de llegar a este lugar, caminaban por una parte por donde se veía el mar.

El padre le dijo a Cofresí: —¿Ves aquella nave? En ella va el niño cuya vida salvaste. Hace dos días lo entregué a uno de sus parientes que vino a buscarlo.

Cofresí contempló el mar por última vez. Allá lejos, vio cómo la nave hendía las olas suavemente.

Roberto Cofresí, junto con diez compañeros suyos, fue pasado por las armas el 27 de marzo de 1825.

EJERCICIOS

A. **Conteste con una oración completa.**

1. ¿Cómo se disfrazaba el hombre que llamó a la puerta?
2. ¿Quién contestó?
3. ¿De dónde acababa de llegar?
4. ¿Qué le entregó Cofresí al sacerdote?
5. Según el sacerdote, ¿qué debía hacer Cofresí?
6. ¿Qué contestó Cofresí?
7. ¿A quién pertenecía la *Anguila*?
8. ¿Quiénes iban a bordo de la *Anguila*?
9. ¿Qué pasó con la *Ana*?
10. ¿Qué hicieron los piratas para salvarse?
11. ¿Quién no fue capturado?
12. ¿Dónde fueron juzgados los piratas?
13. ¿Quién acompañó a los piratas en sus últimos momentos?
14. ¿Qué vio Cofresí cuando contempló el mar por última vez?
15. ¿Cuándo fue pasado por las armas?

B. **¿Son ciertas o falsas las siguientes oraciones? Si son falsas, cámbielas de manera que queden correctas.**

1. Ricardo era el nombre de Cofresí.
2. Cofresí llevó al niño a Yauco.

3. El barco danés se llamaba la *Grampus*.
4. El sacerdote se llamaba José Antonio.
5. Cofresí no ganó en la lucha con la *Ana*.
6. La *Anguila* era propiedad de Pieretti.
7. Cofresí fue capturado en el mar.
8. José Antonio acompañó a Cofresí en sus últimos momentos.
9. Cofresí fue fusilado.
10. Ricardo logró sobrevivir.

C. Identifique:

    Juan Pieretti   *Grampus*
    Alejandro Tapia   *Ana*
    Ricardo

D. Sustituya las palabras en letra cursiva con sinónimos de la siguiente lista.

pensar en	cogido	barcos
conseguir	echado	después
combatir	llevado	
huir	amigo	

1. Trató de *escaparse*.
2. No me han *atrapado* todavía.
3. *Luego* de curarse las heridas, fue *conducido* a San Juan.
4. Se puso a *reflexionar sobre* el problema.
5. No pudo *luchar* contra la "Grampus".
6. Hay dos *naves* en el puerto.
7. Esperaba *procurar* caballos.
8. Se han *lanzado* al agua para salvarse.
9. Ricardo fue *compañero* de Cofresí.

E. **Tema para discusión en clase o para composición escrita:**

Haga un análisis del carácter de Cofresí.

> Cuando recibí el papel
> en que tú no me querías,
> hasta la perra de casa
> me miraba y se reía.

8 | Carabalí

Ya sabemos que los indios se escaparon del trabajo forzado impuesto por los españoles o murieron como resultado del mismo. Para suplir a estos indios,

a principios del siglo XVI, empezaron a introducirse en Puerto Rico esclavos negros. La trata de esclavos fue un lucrativo negocio por más de dos siglos y hubo esclavos negros en Puerto Rico durante más de 300 años. Se utilizaron mucho en el cultivo de la caña de azúcar, el principal producto agrícola del país. Por fin, el 22 de marzo de 1873, se abolió la esclavitud. El 22 de marzo se celebra en Puerto Rico como fiesta oficial con este motivo.

Hay evidencia de que la ley fue muy severa durante la época de la esclavitud, no sólo con los negros esclavos, sino también con los libertados. Aun éstos gozaron de pocos derechos.

Una de las leyendas más famosas de Coll y Toste, la cual nos ha servido de base para el siguiente relato, cuenta cómo uno de estos esclavos no quiso aceptar su destino.

Los trabajadores de la hacienda San Blas, situada en un valle entre las montañas al sur de Arecibo, estaban alborotados. Carabalí, el esclavo rebelde, se había escapado por tercera vez.
—Aliste a los perros y a los hombres que necesitemos para la persecución inmediatamente —le dijo el mayoral al capataz—. ¡Hay que matar a ese negro! ¡Su muerte servirá de escarmiento a los demás!

Así, temprano por la mañana de un día claro, hombres y perros de la gran hacienda San Blas se pusieron en camino para perseguir al hombre que prefería morir libre que vivir esclavo. Y en ese mismo momento, en una cueva en lo alto de las montañas, Carabalí esperaba a sus perseguidores. Se había escapado la noche anterior, una noche fría de neblina y lluvia. Con grandes dificultades, había subido una montaña y había llegado a una cueva que conocía por una escapada anterior. Rendido de cansancio, había dormido al llegar a la cueva. Como sabía que no tardarían en llegar sus perseguidores, se había levantado temprano para preparar su defensa.

Con un machete que había robado de la hacienda, cortó una cantidad de ramos para tapar la entrada de la cueva. Después construyó con éstos una barricada, dejando tan sólo un pequeño hueco por donde entraban luz y aire. Y comiendo frutas silvestres, se sentó a esperar a los perseguidores. No tuvo que esperar mucho. Pronto los ladridos de los perros le avisaron que se acercaban.

Los ladridos se oían más cerca. De repente se dio cuenta de que uno de los perros ya estaba a la entrada de la cueva. El perro se puso a escarbar y pronto abrió un hueco más grande por donde pudo meter una pata y toda la cabeza. Carabalí le descargó un tremendo machetazo que le cercenó el cuello, y después volvió a arreglar la barricada. De la misma manera pudo matar dos perros más. Pero con el tercero erró el golpe y el perro, herido, corrió ladrando hasta los hombres que ya estaban cerca de la cueva.

Los hombres dispararon sus fusiles, obligando a Carabalí a refugiarse en el interior de la cueva. Y al llegar a la entrada de la cueva, deshicieron la barricada permitiendo entrar a los perros y atacar en tropel al fugitivo. Como no podían ver dentro de la cueva, los hombres esperaron fuera a que los perros agarraran al infortunado esclavo. Carabalí, resuelto a luchar hasta agotar sus fuerzas, retrocedía defendiéndose a machetazos. Pero de repente sintió que le faltaba tierra bajo sus pies y se cayó en un profundo abismo. Los perros ladraban frustrados al borde del abismo. A tientas, entraron los hombres en la cueva para averiguar lo que había pasado. Luego, creyendo muerto a Carabalí, se fueron, llevándose a los perros que habían sobrevivido los machetazos del africano.

Mas la suerte, tan adversa a veces, ahora le sonreía. Se había caído en un fango blando dentro de un arroyo subterráneo y no estaba herido. Pudo ver otra entrada de la cueva por donde salía el agua del arroyo. Y sin buscar mucho, recuperó su machete. Al orientarse, se dio cuenta de que el arroyo salía por otro lado de la montaña hacia los terrenos de otra hacienda llamada San Antonio.

Acosado por el hambre, Carabalí bajaba por los terrenos del San Antonio para robar comida. Con el tiempo encontraba a otros esclavos desertores a quienes reunió en una cuadrilla, enseñándoles el secreto de la cueva. Éstos trabajaron para arreglar mejor su escondite. También tallaron en la piedra una subida secreta que conducía a la parte superior de la cueva donde originalmente había entrado Carabalí, y desde donde se podía bajar a los terrenos del San Blas.

Desde aquel momento la cuadrilla de Carabalí prácticamente limitó sus incursiones a los terrenos de la hacienda San Blas. Desapareció el ganado, desaparecieron las aves, y un día se encontró muerto a un capataz. En vano se mandaron soldados a la cueva; no descubrieron el secreto de Carabalí.

Sólo encontraron huesos; los huesos de animales que Carabalí y los suyos habían comido. Pero para dar más importancia al asunto, contaban que había allí huesos humanos también. Pronto empezaba a llamarse la Cueva de los Muertos. Y con tal nombre, la cueva empezó a inspirar un miedo supersticioso.

Sin poder encontrar una explicación natural a lo que pasaba, la gente creó una explicación sobrenatural. Decían que se trataba del alma en pena de Carabalí junto con un grupo de espíritus malignos que salían a vengarse de los dueños y capataces del San Blas.

Carabalí mismo nunca hizo nada para corregir esta impresión equivocada.

Creía que convenía que los blancos fuesen a veces víctimas de sus propias supersticiones.

Ejercicios

A. Conteste con una oración completa.

1. ¿Durante cuánto tiempo hubo esclavos negros en Puerto Rico?
2. ¿Para qué los utilizaron?
3. ¿Cuándo se abolió la esclavitud en Puerto Rico?
4. ¿Dónde trabajaba Carabalí?
5. ¿Cuántas veces se había escapado?
6. ¿En dónde se escondió Carabalí?
7. ¿Cómo arregló la entrada?
8. ¿Cómo supo Carabalí que estaban cerca sus perseguidores?
9. ¿Cómo se defendió contra los perros?
10. Al principio, ¿por qué no entraron en la cueva los hombres?
11. ¿En qué se cayó Carabalí?
12. ¿De quiénes se formó la cuadrilla de Carabalí?
13. ¿Qué encontraron los soldados en la cueva?
14. ¿Cómo explicaba la gente las incursiones de Carabalí?
15. ¿Qué hizo Carabalí para corregir esta impresión?

B. **Añada la palabra o las palabras más apropiadas para terminar las siguientes oraciones.**

1. Carabalí se escapó de la hacienda _____.
2. Se refugió en una _____ en lo alto de las montañas.
3. Durmió poco porque sabía que no tardarían en llegar sus _____.
4. Cortó los ramos con un _____.
5. Pronto oyó los _____ de los perros.
6. Mató al primer perro descargándole un _____.
7. La única arma que tenía Carabalí era su machete; en cambio, los hombres tenían _____.
8. Carabalí no se hirió cuando _____.
9. Los hombres creyeron que Carabalí estaba _____.
10. Carabalí descubrió que el arroyo salía hacia los terrenos de otra _____.
11. Buscó comida en los terrenos del _____.
12. Enseñó a otros _____ el secreto de la cueva.
13. Juntos tallaron en la piedra una _____ secreta.
14. Se mandaron _____ a investigar.
15. La gente creó una explicación _____.

C. **Sustituya las palabras en letra cursiva con sinónimos de la siguiente lista. Es posible usar una palabra o frase de la lista más de una vez.**

contaban	preparar	escapada
dejaron saber	tapar	muy cansado
pelear	ejemplo	más alta

1. Su muerte servirá de *escarmiento* a los demás.
2. Carabalí estaba *agotado*.
3. Los ladridos le *avisaron* que se acercaban sus perseguidores.

4. Se levantó temprano para *arreglar* su defensa.
5. Conocía la cueva por una *fuga* anterior.
6. Se puso a *cubrir* la entrada.
7. Carabalí estaba resuelto a *luchar*.
8. La subida conducía a la parte *superior* de la cueva.
9. Los soldados *informaron* lo que encontraron.
10. *Decían* que había huesos humanos allí.

D. Tema para discusión en clase o para composición escrita:

Haga una comparación entre la vida de los esclavos en Puerto Rico y en los Estados Unidos.

> No te enamores, niña,
> de hombre que andando,
> dinero en el bolsillo
> le va sonando.

9 | Lola de América

Puerto Rico ha dado al mundo destacadas mujeres, y la mujer juega un papel importante en la vida social y política de la Isla. Hubo una mujer que hizo

su propio movimiento de liberación femenina, destacándose como poeta, como valerosa luchadora por las libertades políticas, como fiel y cariñosa esposa, y hasta como conquilióloga (acumuló una magnífica colección de caracoles a la vez que un gran conocimiento de ellos).

Compuso la primera letra de "La Borinqueña", una melodía popular de origen incierto, que por esta razón se convirtió en himno nacional de Puerto Rico, aunque la letra que se canta hoy es distinta.

Cuando pronunció el discurso de graduación de un colegio de Mayagüez en 1873 (el mismo año de la abolición de la esclavitud), se distinguió por ser la primera mujer en expresarse ante un auditorio público en Puerto Rico.

El diseño de la bandera puertorriqueña actual se debe, en gran parte, a las sugerencias de ella.

Abandonó la escuela a los diez años de edad pero su hija, Patria, fue la primera mujer puertorriqueña en obtener el grado de doctorado.

Esta mujer fue Lola Rodríguez de Tió, afectuosamente conocida como "Lola de América", nacida en San Germán el 14 de septiembre de 1843 de una de las principales familias de la ciudad. Presentamos aquí una anécdota que muestra claramente el carácter de esta gran mujer.

—¡Ay, quién tuviera esa cabellera tuya, y quién tuviera un novio tan guapo!

Lola no dejó de sentir la nota burlona en la voz de su hermana mayor. Iba a decir algo pero se contuvo. Se limitó a seguir peinando la lustrosa cabellera, sentada en compañía de sus hermanas y de su madre en el fresco balcón de la espaciosa casa de San Germán.

—¡Pero cómo no, mamá! —contestó Aurora, la hermana mayor—. ¿Sabes que anda loca por ese joven que acaba de volver de Europa que se llama Bonocio Tió Segarra? El otro día cuando caminábamos por la calle, lo vimos. ¡Lola se le quedó mirando con unos ojos! Y luego me dijo que él sería su novio y su marido. Tengo que reconocer que no eligió mal. Es el mejor partido del pueblo. Claro que lo único que le falta ahora es que él la elija a ella —añadió con picardía.

—¡Verás que sí! ¡Verás que ese hombre sí será mi marido! —contestó Lola con energía y enojo.

—¡Basta ya! Lola, esas actitudes no se ven bien en una jovencita de tu edad. Y tienes que dejar esas coqueterías. Y si no, vamos a mandar cortar ese pelo que te encanta tanto lucir —regañó la mamá, ya francamente irritada.

Lola no dijo nada. Se quedó pensando un rato y luego tranquilamente se levantó y entró en la casa.

Un rato más tarde, entró en la barbería que frecuentaba su padre. Pidió al peluquero que cortara la cabellera que había causado el regaño maternal. Éste, asustado ante una petición tan inesperada, se negó a actuar. En esto, llegó el padre de la muchacha y enterado del asunto, le preguntó a ésta el porqué de una decisión tan drástica y absurda. Afirmó que no tenía la menor intención de consentírsela.

—Mamá me lo mandó cortar para castigarme. Dice que así pondrá fin a mis coqueterías —contestó Lola.

El padre vaciló. La petición parecía absurda pero, sin duda, la madre tenía sus razones. No quería llevarle la contraria a su esposa por cuyas venas corría la sangre del gran conquistador[1] y así, con temblorosa voz, le dijo al barbero que podía cumplir lo que Lola pedía. Perplejo pero obediente, el barbero le cortó la abundante cabellera que había sido el gran adorno natural de Lola.

Este acto no tardó en tener consecuencias graves. La sociedad de la época no aceptaba fácilmente un cambio tan radical en las costumbres y comentaba escandalizada el asunto. La madre, avergonzada del resultado de su desafortunado regaño, afirmó que su intención había sido solamente la de corregir a la niña, y que ésta, dominada por sus propios impulsos, llevaba las cosas demasiado lejos. Ahora sí merecía un castigo de verdad. Así, la encerraron en su habitación por varios días, en parte por castigo, y en parte para que no se viera por las calles con ese horrible pelo tan corto.

Pero el castigo no podía durar para siempre. Y una circunstancia vino en auxilio de Lola. El joven que tanto le interesaba llegaba a hacerse amigo de la familia, y oportunamente les invitó a todos a una fiesta. Se levantó la penitencia de la niña, de manera que ésta pudo platicar con el dueño de sus amores.

—Pero, ¿por qué te cortaste el pelo, Lola?

—Por usted. Mis hermanas le dijeron a mi mamá que estaba enamorada de usted, y mamá me amenazó con cortarme el pelo. Entonces me lo mandé cortar yo misma.

—Pero, ¿es verdad eso? Digo, ¿es verdad que estás enamorada de mí?

---
[1] La madre de Lola era una descendiente de Ponce de León.

—Sí, he dicho que si me caso será con usted.

Bonocio no podía menos que sentir un gran afecto por esta niña voluntariosa que tanto sacrificara en aras de su amor por él. Así, no pasó mucho tiempo antes que formalizaran relaciones y se casaron poco tiempo después, aunque ella era apenas una adolescente y él le llevaba unos diez años.

Pasaron una feliz e inolvidable luna de miel en París y a través de una accidentada vida fueron compañeros inseparables, hasta que él murió en 1905.

¿Y el pelo de Lola? Pues nunca volvió a dejarlo crecer. Parece que quedó encantada con lo cómodo y lo conveniente que era llevarlo corto, y el bueno de Bonocio, recordando el origen de la costumbre, consentía satisfecho este capricho de su esposa.

Y para terminar, copiamos aquí una bella poesía que en memoria de su esposo, dedica a un familiar político, al final de su vida:

Paisajito de Otoño

—A Alberto Malaret y Tió

Paisajito de Otoño, melancólico y suave
que tienes la belleza de una puesta de Sol,
y el oro del ensueño, y el azul infinito
de ese Cielo del alma que se llama el Amor.
Paisajito de Otoño, silencioso y dormido
bañado en los reflejos de la luz vesperal
déjame que te cante, déjame que suspire
con la misma tristeza, con que solloza el mar.
Tú tienes el encanto, tú tienes la ternura
de todo lo que sueña mi amante corazón;
tú evocas el recuerdo de todo lo perdido
y haces sentir la pena de un intenso dolor.

Lola Rodríguez de Tió

Ejercicios

A. Conteste con una oración completa.

1. ¿Cómo se llamaba la hermana mayor de Lola?
2. ¿Cómo se llamaba el joven que le gustaba a Lola?
3. ¿De dónde venía él?
4. ¿Por qué quería la mamá cortarle el pelo a Lola?
5. ¿Qué le pidió Lola al peluquero?
6. ¿Por qué se negó el peluquero?
7. ¿Quién llegó a la barbería?
8. ¿Cómo le pareció la petición al padre?
9. ¿Por qué le dijo al barbero que podía cumplir lo que Lola pedía?
10. ¿Cómo se sentía la madre al ver el resultado de su regaño?
11. ¿Por qué encerraron a Lola en su habitación?
12. ¿Qué circunstancia vino en auxilio de Lola?
13. ¿Quién llegaba a hacerse amigo de la familia?
14. ¿Qué sentía Bonocio hacia Lola?
15. ¿Cuánto tiempo pasó antes que formalizaran relaciones?
16. ¿Cuántos años le llevaba Bonocio a Lola?
17. ¿Dónde pasaron su luna de miel?
18. ¿Cuándo murió él?
19. ¿Por qué no volvió Lola a dejarse crecer el pelo?
20. ¿Por qué consentía Bonocio este capricho de su esposa?

B. **Añada la palabra más apropiada para terminar las siguientes oraciones.**

1. Lola se dio cuenta de la nota _____ en la voz de su hermana.
2. Ella siguió peinándose la _____ cabellera.
3. Aurora tenía que _____ que Lola no había elegido mal.
4. Las _____ de Lola no se veían bien en una jovencita de su edad.
5. La mamá quería que Lola dejara sus _____.
6. Lola entró en la _____ que frecuentaba su padre.
7. El padre vaciló, pues la _____ parecía absurda.
8. El barbero estaba _____ pero obedeció.
9. La sociedad comentaba _____ el asunto.
10. Una _____ vino en auxilio de Lola.
11. Lola pudo _____ con el dueño de sus amores.
12. Muy pronto Lola y Bonocio _____ relaciones.
13. Su luna de miel fue feliz e _____.
14. A través de una _____ vida fueron compañeros inseparables.
15. Bonocio aceptaba el _____ de su esposa.

C. Sustituya las palabras en letra cursiva con sinónimos de la siguiente lista. Cambie los verbos, nombres y adjetivos a la forma apropiada cuando sea necesario.

elegir   seguir   famoso
asustar   conseguir   tranquilamente
anunciar encantar
expresarse energía

1. Son mujeres *destacadas*.
2. *Avisaron* que iban a tener una fiesta.
3. Ella *obtuvo* el grado de doctorado.
4. *Habló* ante un auditorio público.
5. Lo dijo con mucha *fuerza*.
6. Él no la ha *escogido*.
7. Le *gusta mucho* lucir el pelo.
8. Estaba *aterrada*.
9. Ella *continuó* mirándolo.
10. Se levantó *con calma*.

D. Escriba oraciones completas sobre cuatro cosas extraordinarias que hizo Lola.

E. Tema para discusión en clase o para composición escrita:

¿Sería Lola considerada una feminista hoy día? ¿Por qué? (¿o por qué no?)

Si me quieres te advierto
que soy celosa
y en algunos asuntos
escrupulosa.

10 | Elena de la Santa Montaña

a escena de esta leyenda es un pueblo en el sureste de Puerto Rico entre las montañas. Se cuenta que Elena llegó a San Lorenzo después de un temporal. Los temporales y los huracanes han sido motivo de grandes preocupaciones de los habitantes de Puerto Rico desde los tiempos de los taínos hasta nuestros días. Algunas de estas tempestades tropicales han causado grandes estragos, provocando inundaciones y dejando a muchas personas sin hogar.

Debemos muchos de los datos acerca de Elena a la maestra de San Lorenzo, Carmen Julia Vázquez de Santiago. Ella dice al preparar su relato sobre Elena que ella cuenta "como se lo narraron a varios campesinos de tierra adentro; ellos me lo contaron a mí y yo se lo cuento a ustedes. Ustedes lo contarán a otros".

Y eso es precisamente lo que estamos haciendo.

¿Quién era Elena realmente?

Apareció por primera vez en San Lorenzo alrededor del año 1900, a raíz de un temporal. Ayudó a los damnificados y luego se retiró a vivir sola en una montaña. Pero esto no quiere decir que dejó de tratar a la gente. Por lo contrario, reunía a las niñas para formar un coro y reunía a los mayores para escuchar sus problemas y para darles consejos. Y hasta reunía a los animales. Una vez reunió a todos los perros del barrio y les sirvió una comida como si fueran personas. Y todos comieron juntos, portándose como personas bien educadas.

Elena era bonita, alta y delgada. Tenía el pelo largo y usaba un traje largo con manga larga y cuello subido. Algunos dicen que se alimentaba sólo de naranjas agrias y de limones, pero no por eso le faltaba fuerza. Cuando hablaba desde su "tribunita de la santa montaña", su voz penetrante se oía por todos los alrededores. Y a veces bajaba al pueblo. Dondequiera que iba, la acompañaban las niñas y la gente sencilla que la querían. La llamaban afectuosamente "nuestra madre".

Una vez que bajó al pueblo, Juancho, el guapetón del barrio, se puso a mofarse de ella.

—Ahí va la bruja con sus brujitos detrás. Allá esos imbéciles que todo lo creen. ¡A mí no me coge de bobo!

Elena no dijo nada. Siguió su camino, pidiendo a Dios que perdonara a Juancho. Y cuando nuevamente Juancho vio a Elena, se arrodilló delante de ella para pedirle perdón. Su rancho ardía en llamas. Y Juancho entendió esto como un castigo de Dios.

Los campesinos a veces la cargaban en los hombros. Una vez llegaron a un río y uno de ellos exclamó:

—Nuestra madre, no lo podemos cruzar.

—Yo creo que sí. Por aquí mismo.

Descubrieron que al pasar por el sitio indicado el agua apenas les mojaba los pies.

Pero, ¿de dónde vino Elena? Los humildes campesinos de San Lorenzo nunca lo supieron con seguridad. Algunos dijeron que apareció de la nada. Otros dijeron que caminó sobre las olas del mar desde un sitio lejano hasta la Isla. La versión menos fantástica es que pertenecía a un grupo de monjas españolas que vivían en San Juan cuando llegaron los americanos. En ese momento la comunidad religiosa se disolvió y las monjas se dedicaron a hacer buenas obras en distintas partes de la Isla.

Una anciana recuerda que Elena era también profeta. Entre sus profecías recuerda lo siguiente:

—Llegará el día en que la gente vuele por el aire.

—Caminarán los hombres por la tierra más ligero que las bestias.

—Deben tener terror cuando pase una carretera por la montaña.

—Veremos el agua sonar en los ríos y no la podremos tomar.

(Podemos suponer que Elena no tendría una opinión muy favorable de la nueva carretera de cuatro carriles que cruza las montañas de San Juan a Ponce. ¿Será ésa la carretera a la cual se refiere? Y tenemos que aceptar que las fábricas han contaminado los ríos en muchos sitios.)

Le encantaba la música. No sólo formó un coro con las niñas del barrio, sino que también tocaba el cuatro.[1] Tocaba música celestial según afirman los viejos campesinos de los alrededores.

Una noche se encerró en su choza y no se volvió a ver. Algunas personas que se acercaron a la choza al otro día dijeron que encontraron sangre. Lo cierto es que nunca se explicó cómo ocurrió su muerte, ni se sabe dónde está enterrada.

Pero todavía los campesinos de aquellos lugares cuidan el sitio donde vivía. Erigieron una rústica capilla en su memoria que aún permanece. Y una vez al año durante la Semana Santa, un sacerdote del pueblo de San Lorenzo ofrece una misa allí. No ha sido canonizada,[2] y por eso sería tal vez incorrecto decirle "santa". Pero los campesinos que han mantenido viva la tradición y para quienes era "Nuestra Madre" no dudan en llamarle también "Santa Elena".

---

[1] Instrumento típico de Puerto Rico; semejante a la guitarra.
[2] Reconocida oficialmente por la Iglesia Católica como santa.

Ejercicios

A. Conteste con una oración completa.

1. ¿Cuándo apareció Elena por primera vez en San Lorenzo?
2. ¿De dónde venía?
3. ¿Qué hizo cuando llegó?
4. ¿Qué pasó cuando reunió a todos los perros?
5. ¿Qué comía Elena?
6. ¿Cómo la llamaba la gente de San Lorenzo?
7. ¿Quiénes la acompañaban siempre?
8. ¿Quién se mofó de ella?
9. ¿Cómo le contestó Elena?
10. ¿Quiénes hicieron buenas obras en diferentes partes de la Isla?
11. Según Elena, ¿cuándo debemos tener terror?
12. ¿Qué pasará a los ríos?
13. ¿Cómo demostró Elena que le gustaba la música?
14. ¿Cómo ocurrió su muerte?
15. ¿Qué hicieron los campesinos de aquellos lugares?

B. Añada la palabra más apropiada para terminar las siguientes oraciones.

1. Las _____ tropicales han sido motivo de preocupaciones.
2. Algunos huracanes han causado grandes _____.
3. Reunía a las niñas para formar un _____.
4. Elena era alta y _____.
5. Juancho era el _____ del barrio.
6. Los campesinos la _____ en los hombros.

7. Pasaron por el sitio que _____ Elena.
8. Elena _____ a un grupo de monjas españolas.
9. Elena era también _____.
10. No tendría una opinión muy favorable de la nueva _____.
11. Los campesinos afirman que tocaba música _____.
12. Las _____ han contaminado los ríos.
13. Se _____ en la choza.
14. El sacerdote _____ una misa allí.
15. Elena no ha sido _____.

C. Sustituya las palabras en letra cursiva con sinónimos de la siguiente lista. Cambie los verbos, nombres y adjetivos a la forma apropiada cuando sea necesario.

fascinar	provocar	anciana
erigir	usar	preocupación
disolverse	todavía	
sobre	pero	

1. Ha sido motivo de *inquietudes*.
2. *Vestía de* un traje largo.
3. No tenemos muchos datos *acerca de* Elena.
4. La comunidad religiosa *dejó de existir*.
5. La *viejita* recuerda que Elena era profeta.
6. La tempestad *causó* inundaciones.
7. Comía poco, *mas* no por eso le faltaba fuerza.
8. Le *encanta* la música.
9. *Construyeron* una capilla en su memoria.
10. El sacerdote *aún* ofrece una misa allí.

D. Temas para discusión en clase o para composiciones escritas:

1. Haga una comparación entre Lola de América y Elena.
2. Analice la actitud de Juancho: ¿Cómo se explica su agresividad inicial?

E. Adivinanza

Una dama muy delgada
y de palidez mortal
que se alegra y se reanima
cuando la van a quemar.

¿Qué es?

> Cantando olvido mis penas
> mientras voy hacia la mar;
> las penas van y vuelven
> mas yo no vuelvo jamás.

(la vela)

11 | Esperanza

En Puerto Rico hay una actitud ambigua acerca de los perros. Por una parte, mucha gente los quiere mucho, y en muchas partes son muy bien

recibidos. Pero la gente también les tiene miedo, un miedo a veces exagerado. Y el origen de esto se encuentra en que los españoles muchas veces usaron perros para perseguir a los indios. Uno de los relatos de Coll y Toste trata del más famoso de estos perros, que se llamaba Becerrillo. Este feroz y valiente perro por fin murió defendiendo a su amo en un ataque de los caribes.

En una playa de la ciudad de San Juan un perro de piedra mira hacia el mar. Y las dos leyendas que se han formado en torno a esta vieja estatua revelan muy bien la actitud ambigua que mencionamos. En una de estas leyendas, un taíno perseguido por un perro de los españoles implora a Yucajú que lo salve. En ese mismo instante el perro se convierte en piedra. La otra leyenda es la que vamos a narrar aquí.

Se dice que el perro es el mejor amigo del hombre, y muchas historias lo comprueban. Y ninguna es más elocuente del afecto y la lealtad que sienten estas nobles bestias por sus amos que la presente.

Allá para la época en que la industrialización y el progreso económico no habían llegado a la Isla, muchos de los humildes pescaban para ganarse la vida. Todos los días antes de salir el sol salían en sus remendados botes a probar suerte en el mar. Para aquellos pobres pescadores no existían vacaciones, ni domingos, ni días feriados (excepto el Viernes Santo: ese día era sagrado y nadie salía a pescar).

Uno de estos pescadores llamado Miguel vivía en una choza en un arrabal de San Juan. Prefería salir en su bote por un punto de la costa norte que está situado frente al puente que une al Condado con San Juan. Nadie más usaba ese lugar por ser considerado peligroso. Las olas batían con fuerza sobre los peñascos que rodean la playa. Al valiente Miguel le gustaba ese punto porque había muchos peces y además podía disfrutar de paz y tranquilidad. Le gustaba estar solo para pensar en su amada Aurelia, la esposa fallecida. Al morir, ella le había dejado como consuelo a su soledad un fiel perro. El animal lo acompañaba todas las mañanas a la playa y lo esperaba alegremente allí todas las tardes cuando él regresaba en su bote. Miguel conversaba con el animal, su único amigo.

—Hoy era un día bueno; había mucha pesca.

El animal parecía entenderle y se mostraba contento, lamiendo a su amo.

—Hoy no pesqué nada.

—No había mucha pesca; sólo traje estas sardinitas.

Y así sucedía a diario: el hombre y la bestia se comprendían y compartían la vida.

De noche el animal dormía al lado del camastro del amo, vigilando y cuidando.

—Estoy enfermo, amigo. Me duele la cabeza y tengo calentura —le dijo un día Miguel al regresar. El perro se sintió triste. Siguió al amo hasta la choza donde, al llegar, el hombre se tiró en el camastro. Pasó la noche delirando por la fiebre. El perro no se despegó ni un momento de su lado, le lamía las manos y la frente en un intento por refrescarlo del calor febril. Así estuvo dos días. Y durante ese tiempo el perro no lo abandonó ni para comer.

Al tercer día la fiebre cedió y Miguel fue recuperando poco a poco hasta que todo volvió a la normalidad.

Un día varios meses más tarde, el mar amaneció muy borrascoso. El cielo estaba nublado y soplaba una brisa fuerte. Parecía indicar tormenta. Miguel sabía que no era un buen día para salir al mar. Pero pensó que si no pescaba no comerían ni él ni el perro. Sus provisiones se habían terminado el día anterior, los peces no habían picado, y no había conseguido dinero. Tenía que trabajar; además él era valiente y hábil con el bote.

El perro se mostraba inquieto.

—No te preocupes, amigo. Regresaré tan pronto pesque lo suficiente para que podamos comer —le dijo Miguel, tratando de calmar al preocupado animal.

El perro miraba desde la orilla como el amo se alejaba en el mar. Allí permaneció hasta que el bote se perdió en la distancia. Se sentó en la playa a esperar el regreso. Estuvo todo el día mirando hacia el mismo punto en lontananza. Se sentía triste. El mar se embravecía más a medida que se acercaba la tormenta. Ni la fuerte lluvia, ni el fuerte viento, ni el frío, ni el hambre lograron que el perro abandonara la playa. Esperaba a su amo, a su amigo. Esperó todo el día, toda la noche, todo el día siguiente. Nunca perdió la esperanza de volver a ver a su amo.

Miguel no regresó; se quedó en el mar. El perro no abandonó la playa. Todavía puede verse sentado mirando al mar. La noche lo volvió piedra.

Ejercicios

A. **Conteste con una oración completa.**

1. ¿A qué hora salían los pescadores?
2. ¿Qué día era sagrado?
3. ¿Con quién salía Miguel a pescar?
4. ¿Por dónde le gustaba a Miguel salir al mar?
5. ¿Por qué le gustaba ese punto a Miguel?

6. ¿Cuántos pescadores usaban ese lugar?
7. ¿Adónde iba el perro todas las mañanas?
8. ¿Quién le esperaba a Miguel cuando regresaba del mar?
9. ¿Dónde dormía el perro?
10. ¿Qué enfermedad le dio a Miguel?
11. ¿Cuántos días estuvo enfermo?
12. Durante ese tiempo, ¿qué hizo el perro?
13. ¿Por qué salió Miguel un día de tormenta?
14. ¿Cómo se sentía el perro?
15. ¿Qué le pasó al perro cuando Miguel no regresó?

B. **Añada la palabra más apropiada para terminar las siguientes oraciones.**

1. Este relato sucedió en la ciudad de _____.
2. Miguel vivía en una _____.
3. Su esposa fallecida se llamaba _____.
4. Miguel era _____.
5. Hoy fue un día bueno porque había mucha _____.
6. El hombre y la bestia se _____.
7. El perro le _____ las manos y la frente.
8. Al tercer día la fiebre _____.
9. Todo volvió a la _____.
10. Si no pescara, no podrían _____.
11. Miguel trató de _____ al preocupado animal.
12. Miguel se quedó en el _____.
13. El perro no abandonó la _____.
14. No perdió la _____ de ver a su amo.
15. La noche lo convirtió en _____.

C. Subraye las palabras que describen al perro.

feroz	buen amigo	obediente
leal	inteligente	
salvaje	manso	

Subraye las palabras que describen a Miguel.

bondadoso	humilde	burlón
feliz	orgulloso	
rico	valiente	

D. Sustituya las palabras en letra cursiva con sinónimos de la siguiente lista. Cambie los verbos, nombres y adjetivos a la forma apropiada cuando sea necesario. Es posible usar una palabra más de una vez.

disfrutar	permanecer	despegar
morir	conversar	tempestad
volver	abandonar	fiebre

1. Se acercaba la *tormenta*.
2. Su esposa acaba de *fallecer*.
3. *Gozan* de paz y tranquilidad.
4. Tenía mucha *calentura*.
5. La noche lo *convirtió en* piedra.
6. El perro *se quedó* en la playa.
7. El perro no lo *dejó* ni para comer.
8. Miguel no *regresó*.
9. *Hablaba* con el perro.
10. El perro no se *separó* de su lado.

E. **Tema para discusión en clase o para composición escrita:**

¿En qué otros relatos de este libro han aparecido perros? ¿Se presentan como amigos o enemigos?

> Te quiero más que a mi vida,
> más que a mi padre y mi madre,
> y si no fuera pecado, más
> que a la Virgen del Carmen.

12 | Guayama, Ciudad Bruja

Ya hemos dicho que Guayama se conoce como la Ciudad Bruja. El licenciado Adolfo Porrata Doria, un guayamés que investigó a fondo la historia de su pueblo natal, escribió lo siguiente sobre el origen de este mote en el libro Guayama: Sus hombres y sus instituciones.

Hemos leído crónicas, documentos, periódicos, revistas y cuanta información que hemos podido localizar sobre nuestra ciudad y en ningún momento antes de la primera década del siglo XX hemos podido lograr dato alguno que tilde o identifique a ésta como la Ciudad Bruja. Desde hace más de treinta años hemos venido haciéndonos las siguientes preguntas: ¿Desde cuándo se ha venido llamando a Guayama la "Ciudad Bruja" y por qué? Hemos hablado con buen número de personas nacidas aquí en la última mitad del siglo XIX y ninguna recuerda haber oído hablar de este onomástico aplicado a nuestro pueblo. Sí recuerdan que los hechiceros o llamados curanderos de este lugar eran bien afamados y populares en toda esta jurisdicción.

Hasta donde hemos podido averiguar, no fue hasta la década del 20 del siglo XX cuando el mote "Ciudad Bruja" comenzó a tomar auge. Nuestros equipos de béisbol lidiaban con otros de distintos pueblos. Cuando nos visitaban, la fanaticada de Guayama solía llevar al parque algunas velas prendidas y hojas o matas de una planta leguminosa que abunda en este litoral llamada, por el vulgo, *bruja*. La idea era impresionar al adversario de nuestra influencia divina y, al mismo tiempo, rogar protección y amparo para el jugador local. Fuimos testigos de estos espectáculos cuando las hojas o matas de *bruja* eran colgadas en los postes y alambres del parque de pelota y se hacía alarde del poder de éstas. Como esta planta generalmente se nutre de la humedad en el aire, se conserva viva por algún tiempo. Se amenazaba a los rivales con influencias hechiceras. Todo era un pasatiempo y hasta un ardid. Que sepamos, desde entonces fue que surgió este apelativo aplicado a Guayama. Se ha pegado, como mote, al nativo de este pueblo y hoy lo lleva con relativo orgullo.

Vamos a narrar un incidente que ocurrió allá para la temporada de béisbol de 1939–40. El equipo de Guayama jugaba con el de Ponce en nuestro parque. El lanzador de los locales era el famoso y extraordinario Leroy (Satchel) Paige, gloria del béisbol americano. La pizarra marcaba seis a cero, a favor de Guayama en la quinta entrada. Paige siempre era muy supersticioso y creía en las influencias espiritualistas. Se bañaba frecuentemente con plantas aromáticas y se hacía dar "pases". Ese día estaba como en sus mejores tiempos. No le habían dado un solo "hit". Alguien de Ponce que sabía lo supersticioso que era él, se le acercó al terminar la quinta entrada y, tras felicitarlo, le dijo que parado cerca del cajón del lanzador había estado viendo al difunto *Moncho el Brujo*[1] cuando Paige hacía sus lanzamientos. Paige se quedó mudo; no pronunció palabra alguna, ni hizo gesto alguno. Se metió en el cuarto de las duchas, se vistió y se fue para su casa. No hubo medios de hacerle variar de actitud. No daba razones. Sólo decía que no quería continuar jugando. Guayama perdió el partido.

---

[1] Un excelente jugador semiprofesional que había jugado en el equipo de Guayama.

Ejercicios

A. Contesta con una oración completa.

1. ¿De dónde es el autor de este relato?
2. ¿Con quiénes ha hablado?
3. ¿Qué es lo que ninguno recuerda?
4. ¿Qué es lo que sí recuerdan?
5. ¿Cuándo comenzó a ser popular el mote "Ciudad Bruja"?
6. ¿Qué solían llevar al parque de pelota los fanáticos de Guayama? ¿Por qué?
7. ¿De qué se hacía alarde?
8. ¿Cómo se siente el nativo de Guayama en cuanto al mote "Ciudad Bruja"?
9. ¿Con quién jugaba el equipo de Guayama?
10. ¿Quién lanzaba para Guayama?
11. ¿Qué marcaba la pizarra al terminar la quinta entrada?
12. ¿En qué creía Paige?
13. ¿Quién se le acercó al terminar la quinta entrada?
14. ¿Qué le dijo?
15. ¿Dónde estaba parado "Moncho el Brujo"?
16. ¿Qué le contestó Paige?
17. ¿Adónde fue?
18. ¿Qué explicación dio?
19. ¿Cuál de los equipos perdió?
20. ¿Cuándo ocurrió el partido?

B. **Añada la palabra más apropiada para terminar las siguientes oraciones.**

1. Hemos _____ mucha información sobre la ciudad.
2. Se llama así desde la primera _____ del siglo XX.
3. Los curanderos de esta ciudad son _____ en toda esta jurisdicción.
4. Los equipos de _____ jugaban con los de otros pueblos.
5. Querían _____ al adversario.
6. Rogaban _____ para el jugador local.
7. La planta se nutre de la _____ en el aire.
8. Amenazan a los _____ con influencias hechiceras.
9. Fue entonces que _____ este apelativo.
10. Hoy el nativo de Guayama lleva este mote con _____.
11. El otro equipo venía de _____.
12. _____ estaba ganando hasta la quinta entrada.
13. Paige estaba como en sus mejores _____.
14. No pudieron hacerle _____ de actitud.
15. Por eso Guayama _____ el partido.

C. Sustituya las palabras en letra cursiva con sinónimos de la siguiente lista. Cambie los verbos, nombres y adjetivos a la forma apropiada cuando sea necesario.

lavar	recordar	adversario
rogar	continuar	medio
soler	cambiar	
diferente	mudo	

1. *Tenían la costumbre de* llevar velas prendidas.
2. Ellos *se acuerdan de* aquellos tiempos.
3. Paige se quedó *callado*.
4. Venían de *distintos* pueblos.
5. No hubo *manera* de hacerle *variar* de actitud.
6. No quería *seguir* jugando.
7. Amenazan a sus *rivales*.
8. *Pidió* protección para el jugador local.
9. Se *bañaba* con plantas aromáticas.

D. Tema para discusión en clase o para composición escrita:

Comente cómo algunos de los personajes de este libro fueron víctimas de supersticiones, o bien cómo utilizaron las supersticiones o ideas falsas de otros en beneficio propio. Considere, por ejemplo, el caso de los indios taínos (*La muerte de Salcedo*), de Carabalí y del guardia de *La garita del diablo*.

Paloma, dame la mano
para subir a tu nido,
que me han dicho que estás sola
y a acompañarte he venido.

13 | El pozo milagroso

El pozo milagroso

En los países donde mucha gente es católica, se conoce el fenómeno de las apariciones de la Virgen. A veces tales apariciones están vinculadas a un manantial, cuyas aguas luego supuestamente poseen poderes curativos. Es bastante común, también, que los niños, cuya fe puede ser más sencilla y pura, sean los primeros o los únicos en ver la aparición.

Es un día de fiesta caluroso de verano en este lugar cerca del pueblo de Sábana Grande en el suroeste de Puerto Rico, donde apareció la Virgen en 1953. Hay mucha gente. Por una gruta encerrada por una construcción de concreto, se encuentran cantidades de muletas de personas antes cojas que juran haberse curado con el agua que sale del pozo. Y en las paredes se ven cartas que también son testimonio de estos milagros.

La gente hace fila ahora para recoger el agua milagrosa. Se usa toda clase de recipientes. Más comunes son los de plástico: antiguos envases de aceite de cocina, de líquido para limpiar, o de líquido para "darle nueva vida" a la batería del automóvil. Pero también se ven muchos botellones grandes, termos, e inclusive una linda botella verde, envase de una ginebra muy fina, llamada ahora a servir más nobles propósitos.

Hay dos rótulos que llaman la atención junto al pozo. En uno se lee: "Éste no es un sitio de recreo. Éste es un sitio de devoción". Porque la verdad es que, aparte de su significado sagrado, el lugar es fresco y agradable. El otro: "No permita a sus niños tirar cáscaras de mango al piso. Evite caída". Los que no conocen el sabroso mango de Puerto Rico deben saber que su cáscara es tan resbaladiza como la de la banana. Claro que el agua del pozo cura las heridas de los que se caen, pero no hay que tentar a Dios. Más vale prevenir que curar.

Un señor vestido de un flamante traje rojo ha traído un grupo de fieles en guagua desde Ponce. Delante de una imagen de la Virgen, les dirige en cánticos. Su grupo atrae más gente. Viéndose rodeado de otros que no formaban parte de su grupo original, proclama su profesión de curandero y contesta preguntas. —Pero no ayudo a los machos que sólo quieren conquistar muchachas. No, señora, no. No soy espiritista. Soy católico.

Se ven por los alrededores muchas palomas que arrullan con su suave canto, y para las cuales se han construido casitas especiales. Hay una capilla donde se celebra misa los domingos a las tres de la tarde y una tiendita donde se venden refrescos y recuerdos.

* * *

Era una tarde de abril del año 1953. En la pequeña escuela rural, Lola Rodríguez de Tió, cerca del pueblo de Sábana Grande, los niños se veían excitados, alborotados, en vez de mostrarse cansados por las actividades del día.

—Pero Ángel, ¿cómo es que tú puedes decir que viste a la Virgen junto al pozo?

—Es cierto, señorita. ¡Yo la vi! Y me dijo que iba a bendecir el agua del pozo para curar las enfermedades.

—¡Vamos al pozo! ¡Vamos a ver a la Virgen! —gritaron otros niños.

Durante un momento la maestra consideró la posibilidad de castigar a Ángel y a otros niños que se habían dejado llevar por el alboroto de éste. Pero luego cambió de opinión. Pocas cosas sucedían para aliviar el tedio de las tardes en una escuelita rural. Así que, picada ella misma por la curiosidad, por fin dijo:

—Está bien, niños. Pueden ir. Pero no se demoren. Regresen en seguida.

Llegando al pozo después que los niños, la maestra no vio nada de extraordinario. Quedó impresionada por la actitud de los niños, algunos de los cuales parecían casi hipnotizados, con la mirada fija en el pozo. Era inútil tratar de reanudar las clases. Así que, un poco más temprano que de costumbre, se enviaron a los niños a sus casas.

No tardó en difundirse la noticia por el pueblo. Los niños llegaron a ser centro de atracción del momento. El párroco de la iglesia de Sábana Grande no sabía qué pensar. No quería aceptar sin mayores pruebas lo que los niños afirmaron, pero por otra parte, no quería por actitud incrédula destrozar la fe sencilla de la gente.

Con cada día que pasaba aumentaba la cantidad de gente que visitaba el pozo; algunos empujados por mera curiosidad, mientras que otros que estaban enfermos esperaban que el agua del pozo les sanara. Y de estos últimos surgieron las primeras noticias de curaciones milagrosas.

Surgieron a la vez nuevas noticias de los niños de la escuelita. Varios afirmaron haber visto a la Virgen otra vez. Ella les había dicho que aparecería nuevamente el 25 de mayo a las once de la mañana y que, a la vista de todos, se haría un nuevo milagro.

Las agencias noticiosas desde luego se interesaron en el asunto. Una de las estaciones de radio más grandes de San Juan mandó instalar equipo cerca del pozo, y mandó a un reportero para averiguar lo que había de cierto en todo eso. El testimonio de este reportero puede leerse ahora pegado a la pared junto a las otras cartas y a las muletas y otros artefactos de enfermos y cojos curados por el agua del pozo.

Era la víspera del 25 de mayo, y de todas partes llegaba gente. Se acamparon al aire libre para poder estar cerca del pozo. Al amanecer del 25, todas las lomas vecinas estaban llenas de gente. Cada uno quería acercarse lo más posible. Sin embargo, todos estaban dispuestos a ceder su lugar para que los enfermos y cojos pudieran llegar al borde del pozo.

La gente esperaba. Eran casi las once de la mañana. De repente una densa nube rodeó el pozo. Los que estaban más cerca del pozo pudieron ver aparecer entre la nube la figura de la Virgen, la que después ha venido a llamarse "La Virgen del Rosario". Entre los que estaban más cerca, se encontraban una señora coja que sólo podía caminar valiéndose de unos pesados aparatos ortopédicos, y uno de los niños de la escuelita. El niño le dijo:

—Señora, puede usted quitarse esos ganchos. Ya no los necesita. La Virgen dice que usted está ya curada.

La señora hizo lo que el niño le había dicho, encontrando, para su inmenso alivio, que podía moverse libremente. Después, arrodillándose junto a los otros, dio gracias a la Virgen por el milagro.

Y todavía hoy la gente viene para llenar toda clase de recipientes con el agua milagrosa. Y siguen acumulándose muletas que ya no necesitan.

EJERCICIOS

A. **Conteste con una oración completa.**

1. ¿Cómo se veían los niños en la escuela?
2. ¿Qué le dijo la Virgen a Ángel?
3. ¿Adónde querían ir los niños?
4. ¿Por qué no castigó la maestra a los niños?
5. ¿Por qué quedó impresionada la maestra?
6. ¿Por qué iba la gente al pozo?
7. ¿Qué les prometió la Virgen a los niños?
8. ¿Quién llegó de San Juan?
9. ¿Quiénes se acamparon al aire libre?
10. ¿Qué vieron a las once de la mañana?
11. ¿Quién fue curado?
12. ¿Qué hizo después?

13. ¿Para qué hace fila la gente ahora?
14. ¿Qué se ve en las paredes?
15. ¿Qué se ve por los alrededores?

B. Añada la palabra o las palabras más apropiadas para terminar las siguientes oraciones.

1. Las cartas también dan testimonio de los _____.
2. Los _____ de plástico son comunes.
3. Hay dos _____ junto al pozo.
4. El lugar es _____ y agradable.
5. La cáscara de mango es muy _____.
6. Más vale _____ que curar.
7. El señor vino en guagua desde _____.
8. Dice que no es _____.
9. Se han construido casitas especiales para las _____.
10. Se celebra _____ a las tres de la tarde.
11. En la tienda venden _____.
12. El pozo está cerca de una pequeña _____.
13. La estación de radio mandó instalar _____ cerca del pozo.
14. Los cojos dejaron sus _____ porque ya no las necesitaban.
15. La señora se _____ para dar gracias a la Virgen.

C. Sustituya las palabras en letra cursiva con sinónimos de la siguiente lista. Cambie los verbos, nombres y adjetivos a la forma apropiada cuando sea necesario.

verse	curar	víspera
usar	reanudar	nuevamente
demorar	afirmar	
aparte	verdad	

1. Tenía que *valerse de* muletas para caminar.
2. Los niños no *se mostraban* cansados.
3. No *tardaron* mucho.
4. Les había dicho que aparecería *otra vez* el 25 de mayo.
5. Los enfermos se *sanaron* con el agua.
6. Llegaba gente de todas partes la *noche antes* del 25 de mayo.
7. No pudo *volver a comenzar* las clases.
8. Quería averiguar lo que había de *cierto* en todo eso.
9. *Declaran* que han visto a la Virgen.
10. *Además* de su significado sagrado, es un lugar interesante.

D. Tema para discusión en clase o para composición escrita:

Comente sobre el poder de la fe. Si fuera usted médico o médica, ¿recomendaría a sus pacientes tomar el agua del pozo?

> Suspiros que de mí salen
> y otros que de ti saldrán,
> si en el camino se encuentran,
> ¡qué de cosas se dirán!

14 | La Aparecida

La Aparecida

Los que viven en Bajo de Patillas, un barrio rural cerca del pueblo de Patillas, aseguran que lo que vamos a contar es cierto. Uno de los autores ha entrevistado a estudiantes que dicen haber visto a la Aparecida. Todavía no nos hemos atrevido a ir de noche al lugar para comprobar la aparición.

—¿Me puedes llevar hasta el pueblo? Tengo que ir a la iglesia.

La que así hablaba era una joven que no pasaba de los 25 años, de tez blanca y de pelo negro y largo que llevaba suelto. Se vestía de un traje sencillo un poco pasado de moda. Estaba de pie a la orilla de la carretera que lleva al pueblo. Le había hecho señas a un automóvil que pasaba.

El conductor, un hombre de unos 30 años, al ver a una mujer sola en la carretera y de noche, se detuvo sorprendido. Pensó primero que se trataba de alguna emergencia.

—Con mucho gusto, señorita. Suba.

La joven subió al automóvil.

El conductor trató de entablar una conversación con ella:

—¿Le sucede algo grave, señorita?

—Tengo que ir a la iglesia —contestó.

—¿Se está muriendo algún familiar y va a buscar al cura? ¿O necesita un médico? Yo la puedo ayudar con mucho gusto.
—Tengo que ir a la iglesia —repitió.
El conductor, al darse cuenta de que no existía una emergencia, pensó que se le presentaba una excelente oportunidad para pasar un rato agradable con aquella joven. Inmediatamente comenzó a usar sus tácticas de conquista, seguro de que no le fallarían.
—¿Cómo te llamas?
—Rosa.
—Rosita, un nombre que va muy bien contigo que eres tan hermosa como una flor. ¿Qué hace una joven tan bonita como tú sola a esta hora de la noche?
La joven no respondió.
—Estás sola porque quieres, ya que debes tener muchos pretendientes. Me llamo José y me gustaría hablar un rato contigo. ¿Quieres tomarte algo? Podemos ir a un sitio por aquí cerca que yo conozco.
La joven no contestó.
José pensó que ella estaba tratando de pasar por misteriosa e interesante. Esta actitud lo animó a continuar con la conquista. Puso su mano sobre la de Rosa. Notó la mano de ella un poco fría. "Será el fresco de la noche", pensó.
La joven no retiró la mano.
—Tengo que ir a la iglesia —repitió.
—Mira, yo te llevo a la iglesia; tú haces lo que vas a hacer; yo te espero, y luego tú me complaces y me acompañas a tomar un refresco. ¿Qué dices?
La joven no respondió.
José supuso que como "el que calla otorga", Rosa había accedido. Mentalmente ya estaba besando la apetitosa boca de Rosita. Prosiguió camino al pueblo, hablando contento. Rosa iba mirando hacia adelante, silenciosa, como absorta en sus pensamientos. Se dejaba acariciar la mano. Al llegar al pueblo y acercarse a la iglesia, José disminuyó la marcha del vehículo y, mirando románticamente a Rosita, le recordaba que la esperaría

a la puerta de la iglesia. De pronto la joven desapareció ante sus ojos. José enmudeció. Detuvo el automóvil y salió buscando a Rosa. Pensó que se había abierto accidentalmente la puerta y ella había caído, golpeándose. Buscó por todas partes, dentro y fuera del automóvil; la llamó; buscó en los alrededores. Nada. Rosa había desaparecido. Fue hacia la iglesia. Estaba cerrada y no se veía a nadie en las cercanías.

—¿Dónde estará? —se preguntó José—. No lo entiendo.

Miraba a todos lados buscando a Rosa. De pronto vio una figura blanca que salía de la iglesia atravesando la enorme puerta de madera que estaba cerrada. No creía lo que sus ojos veían. Se fijó bien y comprobó que era Rosa y que iba caminando hacia el campo sin tocar el suelo.

El terror se apoderó de José. Por unos momentos se paralizó. Quiso gritar pero no salía sonido alguno de su garganta. Quiso correr pero los pies no se movían. Cuando Rosa desapareció de su vista, José logró reponerse y corrió gritando como un loco.

—¡Ay! ¡Ay! ¡Un espíritu, un espíritu! ¡Hablé con un espíritu! ¡Toqué a un espíritu!

Dos días más tarde, José despertó en el hospital. Había sufrido de fiebres altas, convulsiones y escalofríos provocados por el terror. Unos policías lo habían encontrado corriendo y gritando por las calles del pueblo. Lo llevaron al hospital y por lo que balbuceaba en su delirio, comprendieron lo que le había sucedido a José. Fue víctima de la Aparecida.

Así llamaban a ese espíritu que aparecía algunas noches por la carretera pidiendo pon para llegar a la iglesia católica del pueblo. Explicaron a José que Rosa había sido atropellada por un automóvil en ese mismo lugar de la carretera en que él la había encontrado. Había sucedido la noche antes del día de su boda. Se dirigía a la iglesia donde la esperaba el novio para el ensayo de la ceremonia. Desde entonces, de vez en cuando vuelve Rosa del mundo espiritual para cumplir con el compromiso al que no pudo asistir. Los conductores que conocen la historia no se detienen cuando una mujer les pide pon.

Y José jamás ha vuelto a pasar por esa carretera ni de día ni de noche, ni a darle pon a mujeres, ni jóvenes ni viejas.

Canto de la Aparecida

I
A este pueblo triste
 de calles áridas
 y hermosas playas
he venido a pensar en ti.

II
A pensar que en los días idos,
 en los días aquellos
 en que fui tuya
 y me arrullé en tus brazos.

III
A pensar en esos días que fueron
tan hermosos como estas playas;
y pensar en estos días que son…
tan áridos como estas calles.

Adela Martínez-Santiago

EJERCICIOS

A. **Conteste con una oración completa.**

1. ¿Cuándo encontró José a Rosa?
2. ¿Quién la acompañaba?
3. ¿Adónde quería ir ella?
4. ¿Qué fue lo primero que pensó José cuando la recogió?
5. ¿Qué pensó luego?
6. ¿Adónde invitó a Rosa? ¿Para qué?
7. ¿Cómo estaba vestida Rosa?
8. ¿Qué supuso José cuando Rosa no le respondió?

9. Cuando Rosa desapareció, ¿qué hizo José?
10. ¿Hacia dónde iba Rosa cuando José la vio por última vez?
11. ¿Por qué se apoderó de José el terror?
12. ¿Adónde lo tuvieron que llevar?
13. ¿Qué le explicaron a José?
14. ¿Cuándo sucedió el accidente de Rosa?
15. ¿Para qué vuelve de vez en cuando del mundo espiritual?

B. ¿Son ciertas o falsas las siguientes oraciones? Si son falsas, cámbielas de manera que queden correctas.

1. José tenía unos 30 años.
2. Rosa era de tez blanca y de pelo corto.
3. José atropelló a Rosa.
4. José quería llevar a Rosa al hospital.
5. Rosa murió de amor.
6. Rosa se dejó acariciar la mano.
7. José se despertó en su casa.
8. Rosa murió el día de su boda.
9. El novio la esperaba para el ensayo de la ceremonia.
10. El "Canto de la Aparecida" podría ser dedicado a José.

C. Usando cinco adjetivos, describa el estado físico y emocional de José al darse cuenta de que había llevado en su automóvil a un espíritu.

D. Describa en una o dos oraciones cómo se sentiría usted si se encontrara con la Aparecida.

E. Sustituya las palabras en letra cursiva con sinónimos de la siguiente lista. Cambie los verbos, nombres y adjetivos a la forma apropiada cuando sea necesario.

fijarse	responder	de repente
haber	repetir	inmediatamente
entablar	emergencia	
misterioso	a veces	

1. El conductor trató de *iniciar* una conversación con ella.
2. *En seguida* comenzó a usar sus tácticas de conquista.
3. Se dio cuenta de que no *existía* una emergencia.
4. *Miró* bien y comprobó que era Rosa.
5. La joven no *contestó*.
6. *Dijo otra vez* que tenía que ir a la iglesia.
7. Ya sabía que ella era una muchacha *extraña*.
8. No se trata de una *situación grave*.
9. *De pronto* desapareció ante sus ojos.
10. *De vez en cuando* vuelve del mundo espiritual.

F. Tema para discusión en clase o para composición escrita:

Comente sobre historias de fantasmas. Relate o escriba su historia favorita de fantasmas. ¿Será cierto que los espíritus de los muertos puedan visitar este mundo?

G. Adivinanza

Quien la hace no la usa,
quien la usa no la ve,
quien la ve no la desea
por bonita que le esté.

¿Qué es?

                      Sin luz no existe el color,
                      sin el aire no hay sonido,
                      y en mí no existiera amor
                      si tú no hubieras venido.

(el ataúd)

15 | Seres extraterrestres

En Puerto Rico existe gran interés en los platillos voladores y en seres de otros planetas no sólo por los sucesos que narramos aquí sino porque éstos han sido objeto de estudio de dos programas de índole documental: uno presentado por televisión, el Canal dos de Telemundo, por el conocido productor y publicista Jorge Marquina; el otro, un documental titulado "Los ovnis —objetos voladores no identificados— la gran incógnita de este siglo" fue una producción del Departamento de Noticias de la Gran Cadena (WQBS), presentado por radio el 27 de julio de 1975. Es de este último programa, con libreto y narración de José Antonio Ayala y basado exclusivamente en sucesos ocurridos en Puerto Rico, que hemos tomado los incidentes que presentamos a continuación. Vale la pena agregar que el último incidente, el de San Germán, acaparó los titulares de El Mundo, periódico de mayor circulación en Puerto Rico. Los del 30 de abril rezaban así: "Docenas de Residentes Barrio en San Germán Aseguran Haber Visto Extraño Objeto Volador".

En una estación de radio localizada en el último piso de un edificio de San Juan, Willie López realizaba sus labores de *disc jockey* la noche del 6 de abril de 1975. Eran las once menos cuarto. De repente sintió que algo o alguien tocaba el cristal del control tres veces. Tocaba por el lado de la terraza del *penthouse* donde estaba ubicada la emisora, donde no había ninguna entrada. Willie no podía explicarse cómo podía haber alguien por el lado de la terraza, pero a través del cristal creyó ver luces. Cerró con rapidez la cortina y, creyendo que iba a ser víctima de un asalto, llamó a un compañero de labores que prometió acudir aunque tomó la cosa a chiste. A los cinco minutos, dominado por la curiosidad, abrió un poquito la cortina y vio lo que aseguró era "un tremendo platillo volador", cerniéndose en el aire a una distancia de menos de veinte metros, que despedía una luz brillante. Asustadísimo, Willie cerró nuevamente la cortina y volvió a llamar a su compañero de labores, que aún no había salido.

Cuando llegó su compañero a la emisora, él y Willie salieron a la terraza para investigar. Ya no vieron nada, pero notaron que estaba muy caliente el piso donde Willie había visto la primera aparición. Por lo extraño del incidente, no quisieron comentar el suceso con nadie y Willie reanudó sus labores. Sin embargo dos noches después, el 8 de abril, sintió algo, como que "se iba a caer la estación" en sus propias palabras, y la estación dejó de transmitir, aunque Willie no vio nada. Pero la luz no se fue de la estación y Willie siguió trabajando hasta completar su turno aunque después, por su estado de nervios, tuvo que tomar sedantes.

A invitación de la Gran Cadena (WQBS), la defensa civil fue invitada a hacer una prueba con un contador Geiger[1] para determinar si había radiación en la azotea del edificio donde se halla la emisora. Los resultados nunca se dieron a conocer.

Esa misma noche en que Willie López sintió estremecerse la estación de radio donde trabajaba, sucedieron en Puerto Rico muchos otros fenómenos que no podían explicarse fácilmente.

---

[1] Instrumento para medir la cantidad presente de material radioactivo.

Era la noche del 8 de abril, en que mucha gente estaba en casa mirando televisión, pues se presentaba el programa especial de la entrega de los Oscars.

Y hubo un mini-apagón a lo largo de todo Puerto Rico, manifestándose a veces por un simple parpadeo en el sistema eléctrico y, a veces, por la oscuridad total. En el barrio de Guaynabo, dos jóvenes presenciaron el descenso de un objeto brillante y redondo sobre una arboleda. Sintieron una explosión y al mismo tiempo se fue la luz. Y lo más raro fue que no sólo falló el sistema eléctrico en las casas, sino que las baterías de los automóviles dejaron de funcionar. Era tan intenso el calor en el lugar de contacto que se pusieron al rojo vivo las piedras. Un periodista que se trasladó al lugar al siguiente día encontró que todavía salía humo del sitio y que los árboles estaban completamente quemados. Se llevó algunas de las piedras, todavía tan calientes que incendiaron una bolsa de papel y tuvieron que cargarse en una lata de galletas.

Otro que relató sucesos extraños la noche del 8 de abril fue Reynaldo Vivo, que como tantos otros miraba un programa de televisión a las 10:40 en su apartamento del área del Condado de Santurce,[2] cuando notó que toda el área se iluminó como por efecto de una explosión producida por un corto circuito. No pudo percatarse de la fuente de la iluminación por los cristales opacos del apartamento. Cuando miró para afuera, se dio cuenta de que no había luz en todo el sector, menos en el mismo apartamento donde vivía. Increíblemente, a pesar del apagón, había luz en su apartamento y seguía prendido el televisor, aunque no proyectaba ninguna imagen.

Vemos, pues, que el 8 de abril fue un día muy interesante en Puerto Rico. Pero no terminó todo entonces. Diecinueve días más tarde, ocurrió algo muy extraño en una casa de campo cerca de San Germán, en el suroeste de la Isla. Allí, por la madrugada del 29 de abril, a eso de las 3:45, se posó sobre una pequeña estructura de madera y zinc un extraño objeto volador que giraba lanzando destellos tan brillantes que no se podía ver

---

[2]Distrito próspero de San Juan, junto al mar, donde se encuentran varios hoteles grandes.

con claridad su forma, aunque lo vieron no sólo los miembros de la familia sino también varios vecinos del lugar. Luego de posarse sobre la pequeña casita, e incendiarla de manera que luego quedó parcialmente destruida, se fue alejando el objeto.

Hace 500 años que los taínos vieron llegar a Puerto Rico a los primeros españoles. Los recibieron con felicidad y con esperanza. Fueron cruelmente decepcionados.

Hoy los habitantes de Puerto Rico ven llegar a seres del espacio cuyo lugar de origen les es igualmente desconocido. Pero a diferencia de los taínos, los ven llegar con miedo, incredulidad y asombro. Y es posible que esta reacción sea tan equivocada como lo fue la de los taínos hace 500 años.

Nadie sabe. Los taínos no hubieran podido predecir los cambios, tan desafortunados para ellos, que iban a ocurrir en Puerto Rico.

Y nosotros no podemos predecir lo que pasará en la Isla, ni en el mundo del cual forma una pequeña parte, en los próximos 500 años. Pero sabemos que sobrepasará lo imaginado por la mente del ser humano.

Habrá mucho material para futuras leyendas.

Veremos.

EJERCICIOS

A. **Conteste con una oración completa.**

1. ¿Qué significa *ovni*?
2. ¿Dónde estaba Willie López la noche del 6 de abril de 1975?
3. ¿A quién llamó Willie?
4. ¿Qué vio cuando abrió la cortina?
5. ¿Qué vieron Willie y su compañero cuando salieron a la terraza?
6. ¿Qué notaron?
7. ¿Qué le pasó a Willie dos noches después?

8. ¿Qué tuvo que hacer después?
9. ¿Por qué se hizo una prueba con un contador Geiger?
10. ¿Qué programa se estaba presentando la noche del 8 de abril de 1975?
11. ¿Qué hubo a lo largo de todo Puerto Rico esa noche?
12. ¿Quiénes presenciaron el descenso de un objeto brillante? ¿Dónde?
13. ¿Qué pasó con las piedras en el lugar de contacto?
14. ¿Qué notó Reynaldo Vivo esa noche?
15. ¿Qué causó el fuego en la casita de madera en San Germán?
16. ¿Cómo recibieron los taínos a los españoles?
17. ¿De dónde vienen los seres del espacio?
18. ¿Qué es lo que no podemos hacer?

B. Añada la palabra o las palabras más apropiadas para terminar las siguientes oraciones.

1. El programa fue presentado el 27 de _____ de 1975.
2. El último incidente acaparó los titulares de _____.
3. El programa se basa en sucesos ocurridos en _____.
4. Willie creía que iba a ser víctima de un _____.
5. No comentaron el suceso con _____.
6. Las _____ de los automóviles dejaron de funcionar.
7. Los árboles cerca del lugar de contacto estaban completamente _____.
8. Las piedras se cargaron en una _____.
9. No había luz en todo el sector _____ en el apartamento donde él vivía.
10. El objeto volador se _____ sobre una pequeña casita.
11. Su _____ no podía verse con claridad.
12. Los vemos llegar con incredulidad y _____.

13. La _____ del hombre no puede imaginar lo que pasará.
14. Habrá material para futuras _____.
15. *El Mundo* es el _____ de mayor circulación en Puerto Rico.

C. Sustituya las palabras en letra cursiva con sinónimos de la siguiente lista. Cambie los verbos, nombres y adjetivos a la forma apropiada cuando sea necesario. Es posible usar una palabra más de una vez.

contar	alumbrar	determinar
ver	equivocado	extraordinario
cargar	afirmar	

1. Querían *averiguar* si había radiación en la azotea.
2. Lo más *raro* fue que las baterías no funcionaban.
3. Toda el área se *iluminó*.
4. *Presenciaron* el descenso de un objeto brillante.
5. *Aseguró* que era un platillo volador.
6. Ocurrió algo *extraño* en el suroeste.
7. No *llevaron* las piedras en una bolsa.
8. Existe gran interés en los sucesos que *narramos* aquí.
9. *Miraba* un programa de televisión por la noche.
10. Esa reacción es tan *errada* como la de los taínos.

D. Tema para discusión en clase o para composición escrita:

¿Es posible que haya otros mundos habitados?

> Ya se te fue el ruiseñor
> que en tu mano lo tuviste,
> otro ruiseñor vendrá
> mas no como el que perdiste.

16 | Juan Bobo

Juan Bobo

Un ser legendario de Puerto Rico es Juan Bobo, un chico supremamente despistado que vuelve locos a todos, pero sobre todo a su madre.

Existe una gran variedad de historias sobre Juan Bobo, y se cuentan en todas partes de la Isla.

No sabemos si existió, ni dónde, ni cuándo, pero sus desventuras han hecho reír a generaciones de puertorriqueños.

A continuación encontrará una versión de una historia de Juan Bobo.

Érase una vez un muchacho a quien llamaban Juan Bobo por ser medio tonto y despistado.

Un día su madre le mandó al pueblo a comprar tres cosas: carne, miel y unas agujas.

Juan Bobo colocó dos canastas en la mula y se fue al pueblo. Compró la miel y la echó en las canastas. Luego compró la carne y las agujas. Las puso también con la miel en las canastas.

Cuando Juan Bobo volvió a su casa, trajo la carne, pero no encontró ni agujas ni miel. Ambas cosas se habían perdido en el camino, sobre todo la miel. La habían comido un número inmenso de moscas que acompañaban a Juan Bobo.

Cuando llegó el bobo y la madre vio lo que había hecho el muy tonto, le pegaba y le decía:

—¡Animal! ¡Si es que eres un animal! ¿Cómo vas a echar la miel en las canastas y quieres que llegue aquí? ¡Y las agujas! Tenían que salirse por los agujeros; no eres más que un bruto; no se te puede mandar a hacer nada.

—Mamá, no se preocupe usted —decía Juan Bobo—. La miel se la comieron las señoritas del manto prieto, pero mañana mismo voy a denunciarlas donde el señor juez.

—Déjate de tonterías, Bobo; eres más bobo que los bobos. No sirves para nada; eres, al contrario, una carga.

—Mamá, no se preocupe usted; mañana denuncio a las señoritas del manto prieto.

—Vete ahora a pedirle la olla de tres patas a la comadre para hacer una sopa. Pero avanza, que no tengo tiempo que perder.

Fue Juan Bobo donde la comadre y le pidió la olla. Ésta era un caldero de ésos que se usaban antes, con tres patas y muy grande.

Cogió Juan Bobo la olla y salió con ella. Yendo por el camino que conducía a su casa, puso la olla en el suelo y le decía:

—Mira, ya yo estoy cansado de llevarte; tú tienes tres patas y puedes andar mejor que yo. Camina adelante, que yo voy detrás.

Y como la olla se quedaba en el mismo sitio, le decía:

—¿Qué te pasa? ¿No conoces el camino? Pues yo me voy adelante; sígueme.

Pero la olla no se movía.

—Perezosa, eso es lo que eres; que eres una perezosa; te gusta que te lleve al hombro para no caminar. Pues está bonito eso, que tú con tres patas y yo con dos te tenga que cargar a ti. No, señor, tú tienes que caminar.

Y con un palo que llevaba le daba furioso y empujaba con los pies.

—Anda, anda, perezosa; avanza, que mamá nos está esperando.

Pronto llegaron a un sitio donde el camino se dividía en dos vereditas, antes de bajar del cerro. Cogió Juan Bobo a la olla perezosa, y poniéndola en una de las veredas, le dijo:

—Oye, tú coges por aquí y andas lo más rápido que puedas. Yo cojo por aquella veredita y ando bien rápido. A ver quién llega primero, tú o yo.

—Bueno, ya estamos —gritaba Juan Bobo del otro camino—. ¡A la una, a las dos y a las tres!

Y corría Juan Bobo cuesta abajo que no lo cogía nadie. Fatigado llegó a su casa y seguido fue donde la mamá y le preguntó:

—Mamá, ¿ha llegado ya? ¿Llegó?

—Pero muchacho, ¿que si llegó quién?

—La olla, mamá, la olla. Nos echamos a correr a ver quién llegaba primero.

—Juan Bobo, te mato; hoy, te mato. No seas estúpido, muchacho. ¡Vete, vete rápidamente a buscarme esa olla! —gritaba la madre furiosa.

El Bobo, furioso, lleno de miedo, fue cerro arriba hasta encontrar la olla tal como la había dejado.

—Lo ves, perezosa. No tienes consideración. Por culpa tuya me iba a pegar mi mamá; por poco me coge si no vengo rápido. Ahora es que te las voy a cobrar; te debería dar vergüenza, tú con tres patas y yo con dos solamente, y sin embargo, llegué primero —Diciendo esto, le daba patadas.

Como la vereda estaba en un pendiente, del impulso que recibió de las patadas, rodó la olla cuesta abajo.

—¿Cómo ahora corres? —le decía Juan corriendo detrás de ella—. ¿Cogiste miedo?

Por fin Juan Bobo y la olla perezosa llegaron a casa.

Al día siguiente temprano Juan Bobo hablaba con el juez.

—Señor juez —decía—, quiero denunciar a las señoritas del manto prieto por haberme comido la miel.

—¿Quiénes son tales señoritas? —preguntaba el juez.

—Ésas, ésas mismas que ve ahí —le contestó, y le señalaba unas cuantas moscas que estaban paradas en una mesa.

—¡Ah! Las señoritas del manto prieto; tú quieres decir las moscas.

—Eso mismo, eso es. Ellas me cogieron la miel. Y quiero vengarme o que me paguen.

—Juan, escucha lo que vas a hacer —decía el juez lleno de risa—. Dondequiera que veas a una de esas señoritas, le das enseguida con tu palo y la matas. Es muy sencillo, ¿verdad?

—Muy bien, señor juez —y en ese mismo momento ¡zas! Pegó un golpetazo inmenso en la cabeza del desgraciado juez. Se le había parado una señorita del manto prieto sobre la calva.

Juan fue a la cárcel, pero ni aun allí le dejaron tranquilo las provocativas señoritas del manto prieto.

Ejercicios

A. Añada la palabra más apropiada para terminar las siguientes oraciones.

1. Juan Bobo es medio tonto y _____.
2. Su madre le mandó al pueblo a comprar carne, miel y algunas _____.
3. La miel y las agujas se habían _____ en el camino.
4. La miel la habían comido un número inmenso de _____.
5. Su madre le _____ a Juan Bobo.
6. Le mandó con la comadre a pedirle una _____.
7. Juan no quería _____ a la olla.
8. Le dijo a la olla que caminara porque la olla tenía tres _____.
9. Cuando su madre vio que Juan llegó sin la olla, se puso _____.
10. Juan volvió donde estaba la olla y le daba _____.
11. La olla _____ cuesta abajo hasta la casa.
12. El día siguiente Juan Bobo fue a ver al _____.
13. Quería _____ de las señoritas del manto prieto.

14. El juez se rió y le dijo que _____ a cualquier mosca que viera.
15. Cuando Juan pegó a una mosca en la cabeza del juez, terminó en la _____.

B. **Conteste con una oración completa.**

1. ¿Quién es Juan Bobo?
2. ¿Por qué le manda su madre al pueblo?
3. ¿Por qué se pierden la miel y las agujas?
4. ¿Qué le dice su madre?
5. ¿Por qué lo manda a la comadre?
6. ¿Qué quiere Juan que haga la olla?
7. ¿Qué le dice su madre cuando llega sin la olla?
8. ¿Cómo hace que la olla llegue a casa?
9. ¿Qué le dice al juez?
10. ¿Qué pasa al final?

C. **Sustituya las palabras en letra cursiva con sinónimos de la siguiente lista.**

bobo	una vereda	comadre
patas	yendo	fatigado
el caldero	cerro	
canastas	la mula	

1. Juan a veces era muy *tonto*.
2. Echó miel en las *cestas*.
3. *El burro* llevaba las canastas.
4. Fue a la *amiga* de su mamá a pedirle la olla.
5. *La olla* era grande.
6. Juan Bobo sólo tenía dos *piernas*, pero la olla tenía tres.

7. *Caminando* hacia casa, Juan se cansó de llevar la olla.
8. La dejó en *un pequeño camino*.
9. Llegó a casa *muy cansado*.
10. Tuvo que volver a subir al *monte*.

D. Tema para discusión en clase o para composición escrita:

¿Conoce Ud. a alguien parecido a Juan Bobo? Descríbalo. Cuente alguna desventura que ha tenido esa persona.

Refrán popular
Quien no tiene cabeza, debe tener piernas.

17 | Compadre Conejillo

Compadre Conejillo

Un tipo de cuento legendario de Puerto Rico es el del tramposo. En este tipo de cuento, un personaje, normalmente un animal pequeño pero muy inteligente, engaña a otro más grande pero también más tonto.

Los cuentos del tramposo también son populares en otros países de habla hispana. Y se cuentan entre algunas de las poblaciones indígenas de los Estados Unidos.

Érase una vez un Conejillo y un Tigre. El Tigre se quería comer al compadre Conejillo, pero nunca lo podía coger porque era tan chiquitito y tan inteligente.

Un día el Tigre encontró al Conejillo solo con varias sogas. El Tigre le dijo:

—Hoy te voy a comer.

—Cómame, cómame; para lo que vamos a pasar.

—Y ¿qué es lo que vamos a pasar?

—No, no me pregunte. Para lo que vamos a pasar, cómame.

El compadre Conejillo tenía un periódico viejo en las manos y le dijo:

—Mire; esta noche va a haber una tormenta muy fuerte. Aquí dice —señalando al periódico—, que sólo aquella palma que está allí va a quedar en pie.

—Ay, pues, amárrame a mí, que tú eres chiquito y a donde quieras te puedes alojar.

Y de esta manera el compadre Conejillo amarró al compadre Tigre en la palma.

Lo dejó allí bien amarrado y se fue.

A los dos o tres días pasaron por allí algunos burros. Uno de ellos sugirió:

—Vamos a soltar a ése que está ahí amarrado.

—No, que nos comerá —respondieron los otros.

Y se fueron.

Después vino un Mono. El Tigre le dijo:

—Ay, Monito, suéltame.

—No, tú me comerás.

—Ay, Monito, no; yo no te como —le prometió.

El Mono se puso a soltarlo. En cuanto el mono terminó, el Tigre lo agarró para comerlo.

Ahora bien, en las ramas más altas de la palma se había escondido el Conejillo. En cuanto vio que el Tigre tenía al Mono, el compadre Conejillo le dijo:

—Eh, compadre Tigre; así no se come el Mono. Tírelo para arriba y luego lo atrapa con la boca abierta.

Así lo hizo el Tigre. Pero cuando tiró al Mono para arriba, el compadre Conejillo le echó un gran coco en la boca abierta. El Tigre se cayó en el suelo, y el Conejillo y el Mono se escaparon alegres.

En otra ocasión estaba el compadre Conejillo en el camino cuando pasó un señor con una carga de queso. El Conejillo se le metió dentro de las canastas, y le sacó unos cuantos trozos de queso seco. Después se escapó y se fue al lado de un charco. Ya era de noche y había una luna muy grande. El Conejillo se sentó encima de una piedra y se puso a comer queso.

Cuando vio venir al compadre Tigre, escondió los demás quesos, pero se quedó con un pedazo en las manos.

Dijo el compadre Tigre:

—Ay, ahora sí es verdad que te como.

—Mire, tenga y pruebe —y le dio el pedazo de queso.

—Ay, qué bueno está esto, compadre Conejillo. ¿De dónde has sacado esto?

—Mire, lo saqué del fondo del charco.

El Conejillo señaló con la mano el reflejo de la luna blanca en el agua. El Tigre creyó que era otro queso.

El Conejillo continuó:

—Me amarré una piedra en los pies, me tiré allá abajo, y fíjese lo que encontré.

—Ay, pues, compadre Conejillo, amárrame a mí también.

Y el Conejillo le amarró al Tigre una piedra grande, y lo tiró dentro del charco. El compadre Conejillo cogió sus quesos, y dejó al Tigre en el agua.

A duras penas salió el compadre Tigre de dentro de aquel charco.

* * *

El Tigre estaba enamorado de la Zorra, y el compadre Conejillo hizo una apuesta con la Zorra a que iría montado a caballo en el Tigre hasta su casa.

Tal como le sugirió el Conejillo, la Zorra le dijo al Tigre que tenía ganas de bailar, y que el único que sabía tocar bien en aquel barrio era el compadre Conejillo. El Tigre le dijo que organizaría el baile. Por dentro pensó:

—Cuando traiga al Conejillo a tocar, podré comerlo. Apagaré las luces durante el baile y entonces me lo comeré.

El Tigre fue y le habló al Conejillo para tocar en el baile. El Conejillo le dijo que sí, que si no estaba enfermo, él lo haría.

El sábado, el compadre Tigre fue a buscar al Conejillo. Cuando éste lo vio venir, se cubrió la cabeza con muchas hojas y se amarró un pañuelo. Llegó el compadre Tigre y dijo:

—A buscarte vengo, Conejillo.

—Ay, yo me estoy muriendo. Tengo una fiebre terrible.

—Yo te llevo al hombro.

Pero cuando intentó colocar al Conejillo, éste se cayó y dijo:

—Ay, yo no puedo ir así. ¿Quiere que le ponga un cojín viejo que tengo allí?

—Ponlo.

Llegó con el cojín, y se montó, y ¡uf! Se cayó otra vez.

—¡Ay! Si yo me he matado.

—Pero, compadre Conejillo, arregla las cosas mejor para que no te caigas.

—Mire, le voy a poner unas canastas viejas y un aparejito viejo.
—Ponlos.
Entonces el Conejillo lo ensilló bien. Después se puso unos espuelines. Se montó y cogió su guitarra debajo del brazo. Le pegó con los espuelines y le dio un azote al Tigre y éste empezó a correr. Pronto pasaron por delante de la casa de la Zorra donde había muchísima gente esperando al músico.

Después el Conejillo paró al Tigre y lo ató a una palma. Entró en la casa para tocar la música, y pronto todo el mundo estuvo bailando.

Llegó el Lobo y oyó los gritos del Tigre:
—Ay, mire; suélteme, por favor.
Y lo soltó, lo desensilló y entraron en la casa.
Dijo el Tigre:
—Compadre Conejillo, tócame un vals bien tocado.
—Sí, sí. Pero me voy a subir a un balcón porque aquí hace mucho calor.

Efectivamente, subió arriba y se puso a tocar.

Mientras todos bailaban, el Tigre apagó las luces, pero entonces el Conejillo se escapó.

Al día siguiente cuando fue a casa de la Zorra a buscar su guitarra, el compadre Tigre lo estaba esperando y le dijo:
—Compadre Conejillo, usted es más inteligente que yo. Ya puede estar tranquilo, que no le molestaré más.

Y desde aquel día, y desde aquel entonces, no lo volvió a perseguir.

EJERCICIOS

A. ¿Son ciertas o falsas las siguientes oraciones? Si son falsas, cámbielas de manera que queden correctas.

1. En un cuento de "tramposo", el más inteligente pierde.
2. En este cuento, el Tigre quiere bailar con el Conejillo.
3. El Conejillo siempre se escapa del Tigre.

4. Los burros desatan al Tigre.
5. El Tigre no trata de comer al Mono.
6. El Conejillo le da queso al Tigre.
7. El Tigre se tira al charco para buscar queso.
8. La Zorra y el Tigre hacen una apuesta.
9. El Conejillo va a casa de la Zorra montado en el Tigre.
10. Al final, el Tigre no deja en paz al Conejillo.

B. Conteste con una oración completa.

1. ¿Qué quería el Tigre?
2. ¿Por qué no podía coger al Conejillo?
3. Según el Conejillo, ¿qué iba a pasar en la tormenta?
4. ¿Por qué amarró al Tigre a una palma?
5. ¿Quién soltó al Tigre?
6. ¿Cómo logró el Conejillo salvar al Mono?
7. ¿Qué estaba comiendo el Conejillo cuando el Tigre lo encontró?
8. ¿Por qué terminó el Tigre en el fondo de un charco?
9. ¿De quién estaba enamorado el Tigre?
10. ¿Qué apuesta hizo el Conejillo con la Zorra?
11. ¿Qué pasó cuando el Tigre fue a buscar al Conejillo para el baile?
12. ¿Cómo llegó el Conejillo a la casa de la Zorra?
13. ¿Quién soltó al Tigre?
14. ¿Cómo trató el Tigre de atrapar al Conejillo?
15. ¿Qué pasó al final?

C. Sustituya las palabras en letra cursiva con sinónimos de la siguiente lista.

amarró	pedazo	extinguió
alojarse	compadre	halló
el charco	cogió	
palma	soltó	

1. El Conejillo se había escondido en la *palmera*.
2. Como era chiquito, el Conejillo podía *quedarse* donde quería.
3. *La laguna* era pequeñita.
4. El Conejillo se comió un *trozo* de queso.
5. El Mono *desató* al Tigre.
6. El Tigre *agarró* al Mono para comerlo.
7. El Tigre *encontró* al Conejillo solo.
8. El Tigre fingió ser *buen amigo* del Conejillo.
9. El Conejillo *ató* al Tigre a una palma.
10. El Tigre *apagó* las luces en casa de la Zorra.

D. Tema para discusión en clase o para composición escrita:

¿Alguna vez ha vencido a alguien más grande o fuerte que Ud.? Describa lo que pasó.

Dicho popular
A-E-I-O-U
¡El burro sabe más que tú!

Apéndice

Los taínos

Los indígenas que habitaban Puerto Rico al tiempo del primer viaje de Colón se llamaban taínos. Los taínos eran un pueblo manso y amigable que, 50 años después de haber llegado a Puerto Rico los primeros españoles, habían desaparecido casi por completo. Explotados cruelmente por los españoles, sólo quedaban unos 60 en 1542, año en el que por decreto real se reconoció su libertad. Los años siguientes vieron la asimilación total de la población india.

Los taínos habían venido originalmente de la América del Sur, de la región del Río Orinoco, en lo que es hoy Venezuela, llegando a Puerto Rico alrededor de 300 d.C. Son descendientes de los llamados araucos. Atravesaban el mar en grandes canoas donde cabían hasta cien hombres. Sabían pescar y cultivar la tierra. Pero no fueron los primeros. Antes, hace más de dos mil años, llegaron a Puerto Rico, posiblemente desde la costa de Florida, grupos de indios que hoy llamamos indios arcaicos. Estos llegaban en primitivas balsas, pues no construían canoas. Vivían cerca de la costa. Cazaban y pescaban para vivir, pues no conocían la agricultura. Estos indios arcaicos fueron conquistados y absorbidos por los araucos, dando por resultado la cultura taína, que tuvo su máximo florecimiento en el siglo XIII.

Unos cien años antes de llegar Colón al Nuevo Mundo, alrededor de 1400, el área fue invadida por otra tribu de indios, los caribes. Éstos también venían de la costa norte de la América del Sur. Al contrario de los pacíficos taínos, eran muy guerreros, y al igual que ellos, eran excelentes marineros. Se establecieron en las islas al sur y este de Puerto Rico y, desde allí, atacaban las aldeas taínas del este de Puerto Rico. La mayor preocupación de los taínos, cuando llegaron los españoles, era cómo defenderse contra los caribes. No sabían que el hombre blanco iba a ser un enemigo mucho peor. Es interesante notar que los caribes seguían atacando a Puerto Rico, aun después de la desaparición de los taínos, y que aun hoy en día hay un grupo de caribes que viven en la isla de Dominica.

Pero volvamos a los taínos. En la época de la llegada de los españoles, vivían en aldeas llamadas *yucayeques*, distribuidas por toda la Isla. Se han conservado los nombres de unos 18 de estos *yucayeques*. Cada *yucayeque* tenía su jefe o cacique. El *yucayeque* consistía en un número de casas llamadas *bohíos* construidas alrededor de una plaza llamada *batey*. Los bohíos eran redondos y se hacían de tablas de palma o de cañas amarradas entre sí con bejucos. La excepción era el *bohío* del cacique, que se construía en forma cuadrangular. Las distintas clases sociales eran los *nitaínos*, o nobles, los *bohiques*, que eran los sacerdotes y médicos, y los *naborís* o *naborias*, que eran los trabajadores. El cargo de cacique era hereditario.

Como la ocupación principal de los indios era la agricultura, cada *yucayeque* estaba rodeado de sus campos de cultivo. Se cultivaban la yuca, el maíz, las batatas, el maní, el tabaco y el algodón. El *yucayeque* más importante era Guainía, cerca del actual pueblo de Yauco. Su cacique, en el tiempo de la llegada de los españoles, se llamaba Agueybana y podía hablar en nombre de todos los demás caciques. Se hizo amigo de los españoles cuando éstos llegaron en 1508. A su muerte en 1510 su sobrino Guaybaná heredó su puesto. De él hablamos en el relato de la muerte de Salcedo.

Los taínos no vivían con muchas comodidades materiales, pero no les hacían falta. Usaban poca ropa. Las mujeres casadas usaban pequeños delantales llamados *naguas* (origen de la palabra española *enagua*), los hombres un simple taparrabo. En los *bohíos* había pocos muebles. Dormían en hamacas. Se sentaban directamente en el suelo. Los caciques a veces usaban un asiento bajo llamado *dujo*, que servía más bien como símbolo de autoridad que para la comodidad. Para cocinar, utilizaban ollas, platos y vasos de barro, o bien utilizaban recipientes naturales como la concha de los caracoles. Para cultivar la tierra usaban un palo largo llamado *coa*. Pescaban con anzuelos de madera e hilos de algodón. Cazaban con arco y flecha. Para transportarse, construían canoas de varias clases. Las más grandes se hacían ahuecando el tronco de un árbol grande por medio del fuego y de herramientas de piedra. Para transportarse en tierra, iban a pie. No hay que olvidar que los primeros caballos llegaron con los españoles.

Por lo general la familia consistía en los padres y los hijos que vivían juntos en un solo *bohío*. El padre enseñaba a los hijos a pescar y cazar. Además les enseñaba la cultura y las costumbres del pueblo. Las madres enseñaban a sus hijas a cocinar, tejer hamacas y cultivar los campos. En general los padres exigían respeto a sus hijos.

Los taínos creían en un gran espíritu protector, *Yucajú*. Este nombre tenía variantes, el más común de los cuales es *Yukiyú*. Literalmente, quiere decir "yuca blanca", la planta que les daba la harina para el pan. Había también un espíritu maligno, *Juracán*. Se consideraba que el primero tenía su morada principal en las montañas del noreste de la Isla, por la montaña que hoy se conoce como el Yunque. El segundo habitaba en las islas al sureste de Puerto Rico, pues de allí venían los guerreros caribes y las grandes tormentas. Del nombre de este espíritu maligno, tenemos la palabra española *huracán* y su equivalente inglés, *hurricane*. Además de los dos grandes espíritus, había otros de menor importancia. Había los llamados *cemíes*, representados por ídolos hechos de barro, piedra o algodón. Comúnmente este ídolo era de forma cónica con una cara tallada a lados opuestos. Los *cemíes* se consideraban espíritus buenos pero también había espíritus malos, los *maboyas*, irradiaciones de *Juracán*, y las *jupías*,[1] apariciones de las ánimas de los difuntos. Los *bohiques* eran a la vez sacerdotes y curanderos que apelaban a la ayuda de los *cemíes* y ahuyentaban a las *maboyas* y a las *jupías*.

Como creían en una vida después de la muerte, enterraban a sus muertos en posición sentada con las rodillas a nivel del pecho en una fosa reforzada con tablas. Ponían agua y alimento al

---

[1] El significado principal de *jupía* es "alma", como se indicó en la primera leyenda. Los taínos creían que cada persona tenía una *jupía*, y que ésta seguía viviendo después de la muerte del cuerpo físico. Las *jupías*, por eso, eran espíritus incorpóreas que sin embargo continuaban a habitar el mundo físico. Si las *jupías* eran buenas o malas es una cuestión bastante discutida entre las personas que han estudiado la cultura taína, pero la impresión parece ser negativa en general.

lado del cadáver. Los caciques eran enterrados con todos sus adornos y se enterraba viva la mujer favorita del cacique para que lo acompañara a la otra vida.

Pasando a un tema menos lúgubre, consideremos un poco las fiestas y diversiones de los taínos. Celebraban unas grandes fiestas que llamaban *areytos*, los famosos *areytos* de los taínos. En los *areytos* había de todo. Se cantaba, se bailaba, se aprendía historia, se comía, se bebía. En fin se gozaba, y a lo lindo. Se celebraba con motivo del matrimonio del cacique, de una buena cosecha, de un triunfo guerrero, o bien para conmemorar un suceso importante. Por lo general se planeaba con cuidado y con varios días de anticipación, y con participación del *yucayeque* completo. El cacique iniciaba el *areyto* en el *batey*, cantando estrofas sobre la historia del *yucayeque*. Como el idioma taíno no se escribía, estos *areytos* servían para enseñar la historia y las tradiciones del pueblo. A medida que el cacique cantaba al acompañamiento de instrumentos musicales como el güiro, las maracas y el tambor, los hombres y mujeres bailaban con ratos de descanso en que comían y bebían. Los *areytos* podían durar varios días.

Y los taínos tenían también su juego de pelota. Les encantaba jugar a la pelota. La pelota se hacía de raíces y de la goma sacada de la corteza de ciertos árboles. El campo de juego era por lo general el *batey* del pueblo, aunque algunos *yucayeques* construyeron sus propios campos de juego, a menudo cerca de un río, pues a los jugadores les agradaba bañarse en el río para refrescarse después del duro juego. El juego en sí era parecido al volibol actual pero sin redes. Los equipos o bien se formaban dentro de un mismo *yucayeque*, o podían representar *yucayeques* distintos. Había equipos de hombres y de mujeres. Y los espectadores apostaban a sus equipos favoritos. Se apostaban adornos, armas y utensilios de trabajo.

No se conserva el idioma de los taínos en su integridad. Desapareció junto con los que lo hablaban antes de que pudiera ser objeto de un estudio serio de parte de misioneros o eruditos. Lo que se conserva son expresiones sueltas, nombres de plantas y animales nativos, y términos que se refieren a la cultura y a las costumbres. Sin embargo, algunas palabras taínas han pasado a formar parte del español de Puerto Rico, e inclusive del vocabulario español universal y de otros idiomas. Entre éstas últimas se encuentran *canoa, huracán* y *hamaca*. Otras son *bejuco, batey, maní, iguana, juey, bohío*. Y no debemos olvidar el nombre que los indios pusieron a esta isla, Boriquén, que según el historiador Cayetano Coll y Toste significa "tierras del valiente señor". La variante, Borinquen, que se ha popularizado mucho últimamente, fue creada, al parecer, durante el siglo XIX.

Coll y Toste ha intentado también, a manera de un ejercicio lingüístico, crear una oración en taíno siguiendo el patrón del *padrenuestro*, utilizando las palabras sueltas y construcciones del taíno que han llegado hasta nosotros. Héla aquí:

Guakía baba	Nuestro padre
turey toca	cielo estar
guamí-ke-ní	señor de tierra y agua
guamí-caraya-guey	señor de luna y sol
guarico	ven a
guakía	nosotros
tayno-tí	bueno, alto
bo-matún	grande, generoso
busicá	da a
para-yucubía	lluvia, planta
aje-cazabi	boniato, pan
juracán-uá	espíritu malo, no
maboya-uá	fantasma, no
yukiyú-jan	espíritu bueno, sí
Diosá	de Dios
naborí daca	siervo yo
Jan-jan catú	Así sea.

Vocabulario español-inglés

Hemos incluido todas las palabras que aparecen en el texto excepto las palabras afines, los artículos definidos, algunos pronombres, los números cardinales y los nombres de las personas, los meses del año y los días de la semana. Hemos usado las siguientes abreviaturas:

f., femenino
m., masculino
v., verbo

Hemos incluido el género de algunos nombres, con excepción de los nombres masculinos que terminan con **-o,** los femeninos que terminan con **-a** o los nombres que se refieren a seres masculinos o femeninos. Los verbos irregulares están identificados con *(irreg.)*. Los verbos con cambios en el radical están indicados así: **cerrar (ie), contar (ue), pedir (i).** Los verbos similares a *conocer* aparecen con **(zc)** entre paréntesis. Y los verbos similares a *construir* aparecen con **(y)** entre paréntesis.

A

a to, at, from, by, on; **a pesar de** in spite of
abajo under, below
abandonar to leave, to abandon
abierto, -a open, opened
abismo abyss
abolición *(f.)* abolition
abolir to abolish
abordaje *(m.)* the act of boarding a ship
abrigo shelter
abrir to open
absorber to absorb
absurdo, -a absurd
abundar to abound
acabar(se) to finish, end; **acabar de** to have just
acaparar to monopolize
acariciar to caress
acaso by chance
acceder to agree (to), accede
accidentado, -a troubled, agitated
aceite *(m.)* oil
aceptar to accept
acerca de about, with regard to
acercar(se) (qu) to approach
acero steel
acompañamiento accompaniment
acompañar to accompany
aconsejar to advise
acosar to pursue relentlessly
actitud *(f.)* attitude, position
acto deed
actuar to act
acuartelar to quarter
acuático, -a aquatic; pertaining to water

acudir to go or come to the rescue
acuerdo agreement; **de acuerdo a** in accordance with; **de acuerdo** in agreement
acumular to accumulate
adelante ahead; **en adelante** henceforth, in the future; **más adelante** farther on
además furthermore, besides
admirar to admire, to astonish
adolescente adolescent
adorar to adore, worship
adorno ornament
adquirir (ie) to acquire
adversario opponent
adverso, -a adverse
afamado, -a famous
afecto affection
afectuosamente affectionately
afirmar to affirm
africano, -a African
agarrar to grasp
agencia agency; **agencia noticiosa** news agency
agente *(m.)* agent
agotar to exhaust
agradable agreeable
agradar to please, like
agradecer (zc) to be grateful for
agregar to add
agrícola agricultural
agricultor, -a farmer
agrio, -a sour
agua *(f.)* water
aguacero heavy shower of rain
aguardiente *(m.)* brandy
aguja sewing needle
agujero hole
ahogar (gu) to drown
ahuecar (qu) to make hollow
ahuyentar to drive away
aire *(m.)* air
ajuar *(m.)* bridal apparel and furniture (trousseau)
alambre *(m.)* wire; wire fence

alarde *(m.)* boasting; **hacer alarde** to boast, brag
alborotar to agitate, excite
alboroto disturbance, fuss
alcalde *(m.)* mayor
aldea village
alegremente cheerfully
alejar(se) to move (something) away, go away
alfabético, -a alphabetical
algo some; something
algodón *(m.)* cotton
alguien somebody, someone
alguno, -a some
alimentar to feed, nourish
alimento food
alistar to enlist, to get or make ready
aliviar to alleviate, relieve
alivio alleviation
allá there
allí there
alma (el) *(f.)* soul
alrededor around; **alrededor de** about, around
altivo, -a haughty, overbearing
alto, -a high, tall
alumbrar to light up
amanecer (zc) to dawn; *(m.)* dawn, daybreak
amante *(m. & f.)* lover
amapola poppy
amar to love
amargamente bitterly
amargura bitterness
amarillo, -a yellow
amarrar to tie, fasten
ambiguo, -a ambiguous
ambos both
amenazar to threaten
ameno, -a pleasant
amigable friendly
amigo friend
amo master
amor *(m.)* love
amotinado mutineer

amparar to shelter
amparo aid; protection
ampliar to amplify
amplio, -a ample, large
ancho, -a broad, wide
anciano, -a old (man, woman)
andar *(irreg.)* to walk; to go
anécdota anecdote
angustia anguish
angustiado, -a grieved, worried
ánima soul
animar to animate, enliven; to cheer, encourage
animarse to cheer up
ante before; in the presence of
anterior former
antes before; **antes de** before; **antes que** before
anticipación *(f.)* anticipation
Antillas West Indies
anunciar to announce
anzuelo fishhook
añadir to add
año year
apagón *(m.)* blackout, outage of electricity
aparato apparatus
aparecer (zc) to appear
aparecido, -a ghost
aparejito riding gear
aparente apparent
aparición *(f.)* apparition
apartamento apartment
apartar to separate
apelar to appeal
apenas scarcely, hardly; no sooner than
apéndice *(m.)* appendix
apertura opening
aplazar (c) to postpone
aplicar (qu) to apply
apoderar(se) to take possession of
apostar (ue) to bet
apreciar to appreciate
aprender to learn
apresar to seize

aprovechar to take advantage of
arar to plow, labor
árbol *(m.)* tree
arboleda grove
arco bow
arder to burn
ardid *(m.)* trickery
ardiente passionate
árido, -a barren
arma weapon
armado, -a armed
armar to arm
aromático, -a aromatic, fragrant
arrabal *(m.)* suburb
arrancar (qu) to pull out
arrastrar to drag
arreglar to arrange; to settle
arrodillar(se) to kneel down
arroyo small stream
arrullar to lull
artefacto device
artillería artillery
artillero gunner, artilleryman
artista *(m.)* artist
asalto assault, attack
asediar to besiege
asegurar to affirm
asesino murderer
así so, thus, in this manner, therefore
asiento seat
asomar to begin to appear
asombro amazement, astonishment
asunto subject, matter, affair
asustar to frighten, scare
atacar (qu) to attack
ataque *(m.)* attack
atardecer *(m.)* sunset
atento, -a attentive, heedful
aterrorizar (c) to frighten, terrify
atracción *(f.)* attraction
atraer *(irreg.)* to attract
atrapar to trap
atrás behind
atravesar (ie) to pierce, cross, go through

atreverse to dare
atropellar to trample, run over
auditorio audience
auge *(m.)* supreme height; apogee
aumentar to increase
aun even
aún yet, still
aunque though
automóvil *(m.)* automobile
autor *(m.)* author
autoridad *(f.)* authority
auxilio aid, help
avergonzar (ue) to shame
avergonzar(se) (ue) to be ashamed
averiado, -a damaged, malfunctioning
averiguar to investigate, find out
avisar to inform, give notice of
ayudar to aid, help, assist
azotea flat roof
azúcar *(m.)* sugar
azul blue

B

bailar to dance
baile *(m.)* dance
bajar(se) to go down, lower, descend; to get off, get down
bajo, -a low, short, under, underneath, below
bala bullet
balcón *(m.)* balcony
balbucear to stammer
baloncesto basketball
balsa raft
banana banana
banco bank
bandera flag
bañar(se) to bathe
barba beard
barbería barbershop
barco boat
barricada barricade
barrio neighborhood
barro clay

basar(se) to base
bastar to be enough
batalla battle
batallón *(m.)* battalion
batata sweet potato
batería battery
batey village square, plaza
batir to beat
bautizo baptism
béisbol *(m.)* baseball
bejuco reed
bellamente beautifully
belleza beauty
bello, -a beautiful
bendecir (i) (j) to bless; **Dios lo (la) bendiga** God bless you
besar to kiss
bestia animal
bien well; **bienes** *(m.)* property, riches
biografía biography
blanco, -a white
blanco *(m.)* target
blando, -a soft
bobo fool, dunce
boca mouth
boda wedding
bohío hut, house
bolsa bag, purse
bombardear to bombard
bondad *(f.)* goodness
bordear to border
boricua Puerto Rican
Boriquén *(m.)* name given by the Aruaca Indians of pre-Columbian era to the island of Puerto Rico
Borinquén *(m.)* hispanicized form of Boriquén
borrascoso, -a stormy
bosque *(m.)* forest, woods
botar to throw away
botella bottle
botellón *(m.)* large bottle
botín *(m.)* booty
brazo arm
brillante brilliant

brindar to offer, present
brisa breeze
bronceado, -a tanned
brotar to bud; bring forth, sprout
bruja witch
bueno, -a good
burlar(se) (de) to make fun of, to laugh at
burlón, -a scoffing; making fun of
buscar (qu) to look for

C

caballero gentleman
caballo horse
cabellera hair
cabello hair
cabeza head
cabo corporal; end; **llevar a cabo** to carry out
cacique *(m.)* chief (Indian)
cada every
cadáver *(m.)* dead body
cadena chain
cadera hip
caer(se) *(irreg.)* to fall (down)
café *(m.)* coffee; restaurant
cajón *(m.)* **(del lanzador)** pitcher's mound
calcular to calculate
caldero big cooking pot
caliente hot
callar to be quiet
calle *(f.)* street
calma calm
caluroso, -a warm, hot
calva bald head
camastra cot
cambiar to change, exchange
cambio change
caminar to walk; go
camino way
campana bell
campesino farmer, peasant
campiña field, country, landscape
campo field, country, rural area

canal *(m.)* channel
canoa canoe
canonizar to canonize
cántico canticle, song
canasta basket
cantidad *(f.)* quantity
cansancio tiredness
cansar(se) to tire, get tired
cantar to sing
canto song
caña cane
cañón *(m.)* cannon
capataz *(m.)* overseer
capellán *(m.)* chaplain
capilla chapel
capitán *(m.)* captain
capricho whim, fancy
capturar to capture
cara face
caracol *(m.)* shell
carácter *(m.)* character; trait
caracterizar (c) to characterize
carga load
cargar (gu) to carry (a load)
caribe *(m. & f.)* Carib
cariñosamente affectionately
carrera race; career
carretera road, highway
carril lane
carta letter
casa house
casar(se) to marry, get married
casabe *(m.)* cassava
cáscara peel
casco cask; hull of a ship
caso case
castigar (gu) to punish
castigo punishment
castillo castle
casucha hut
católico, -a Catholic
causar to cause
cayo islet; rock, shoal
cazar (c) to hunt
ceder to cede, yield
celebrar to celebrate

célebre celebrated, famous
celeste heavenly
centinela sentry, person on watch
centro center
ceño frown
cercanía proximity
cercano, -a nearby, neighboring
cercenar to clip, cut off
cerner(se) (ie) to hover
ceremonia ceremony
cero zero
cerrar (ie) to close
cerro mountain
charco pond
chica girl
chiste *(m.)* joke
chorro stream, spurt
choza cabin
chubasco squall
cielo sky
cien hundred
cierto, -a certain, true
cigarro cigar
cimbreante swaying, sinuous
cimbrear to shake, sway, bend
cintura waist
circuito circuit
circular to circulate
circunstancia circumstance
ciudad *(f.)* city
claramente clearly
claro, -a clear; of course
clase *(f.)* class
cobrar: te las voy a cobrar I'll make you pay for this
cocina kitchen
cocinar to cook
coco coconut
cojín *(m.)* cushion
cojo, -a lame
colección *(f.)* collection
colegio school
colgar (ue) (gu) to hang (up)
comadre *(f.)* close friend, neighbor
combate *(m.)* struggle
combatir to struggle

comentar to comment
comentario comment
comenzar (ie) (c) to begin
comitiva group, followers
como as, like
cómo how
cómodo, -a comfortable
compadre *(m.) (col.)* close friend, neighbor
compañero, -a companion, mate
compartir to share
competir (i) to compete
complacer (zc) to please
completo, -a complete; **por completo** completely
componer *(irreg.)* to compose
comprar to purchase
comprender to understand
comprobar (ue) to prove
compromiso appointment
comunidad *(f.)* community
con with
concha shell
concreto concrete
condado county
conducir (zc) to conduct, lead
cónico, -a conical
conmemorar to commemorate
conmigo with me
conocer (zc) to know
conocido, -a well known
conocimiento knowledge
conquilióloga seashell collector
conquista conquest
conquistador *(m.)* conqueror
conquistar to conquer
consagrar to consecrate
conseguir(se) (i) to get, succeed
consejo counsel, advice
consentir (ie) (i) to consent
conservar to keep
consideración *(f.)* consideration
considerar to consider
consistente consistent
consolar (ue) to console
construcción *(f.)* construction

construir (y) to construct
consuelo consolation
contacto contact
contador *(m.)* counter
contaminar to contaminate
contar (ue) to tell, relate
contemplar to contemplate
contener *(irreg.)* to contain, stop
contento, -a happy
contestar to answer
continente *(m.)* continent
continuación *(f.)* continuation; **a continuación** in the course of the program or narrative
continuar to continue
contra against
contrariar to contradict; to upset
contrario, -a contrary, opposite
contraste *(m.)* contrast
convenir (ie) (i) *(irreg.)* to agree, to fit, to be suitable
conversar to speak
convertir (ie) (i) to convert, change
convulsión *(f.)* convulsion
copa cup, wineglass
copia copy
coquetería flirtation, a flirting manner
corazón *(m.)* heart
coro chorus
corregir (i) (j) to correct
correr to run
cortar to cut
cortesía courtesy
cortina curtain
corto, -a short
cosecha crop, harvest
costa coast
creación *(f.)* creation
crear to create
creador *(m.)* creator
crecer (zc) to grow
creencia belief
creer to believe
criatura creature
cristal *(m.)* glass, window

crónica chronicle, a register of events
crueldad *(f.)* cruelty
cruz *(f.)* cross
cruzar (c) to cross
cuadro picture
cuadrangular quadrangular; four-sided
cuadrilla crew, troop
cual which
cuando when; **de vez en cuando** occasionally
cuanto all, all that, as much as; **cuanto antes** as soon as possible; **en cuanto a** as for
cuatro four; instrument
cuarto room; fifteen-minute period
cubierta deck of a ship
cuello neck
cuenta: darse cuenta de to realize
cuentista *(m.)* storyteller
cuento story
cuerpo body
cuesta abajo downhill
cueva cave
cuidado care; **tener cuidado (de)** to be careful about
cuidar(se) to take care of
culebra snake
cultivador *(m.)* cultivator
culto cult, worship
cumplir (con) to accomplish, to carry out
cura *(m.)* priest
curandero medicine man
curar to cure
curioso, -a curious
curva curve
cuyo, -a whose

D

dama lady
damnificado, -a injured
danés Danish
dañar to spoil, damage

daño hurt, loss; **hacer daño a** to hurt
dar *(irreg.)* to give; **dar a** to face; **darse cuenta (de)** to realize
datar to date
dato item of information
de of, from
debajo (de) below, underneath
deber must, ought, should, to owe
década decade
decepcionar to disappoint
decidir to decide; **decidirse (a)** to decide (to)
decir (i) *(irreg.)* to say, tell; **es decir** that is; **querer decir** to mean
declarar to declare
decreto decree
dedicar (qu) to dedicate
defender (ie) to defend
defensa defense
dejar to leave, allow
dejar de to stop, fail (to)
delantal *(m.)* apron
delgado, -a slender, slim
deliciosamente deliciously
delirio delirium
demanda demand
demás other, rest; **los demás** the others
demasiado too, too much
demorar to delay
denso, -a dense
dentro inside
derecho, -a right, straight
desaparecer (zc) to disappear
desaparición *(f.)* disappearance
desapercibido, -a unnoticed
descansar to rest
descanso rest
descargar (gu) to inflict a blow; to unload
descender (ie) to descend
descolgar (ue) (gu) to unhang, take down
desconocido, -a unknown, strange
descubrir to discover
desensillar to unsaddle
deseo wish
desertor *(m.)* deserter
descendiente *(m.)* descendent
desgraciado, -a unfortunate
deshacer *(irreg.)* to undo
desigual unequal
despedazar (c) to tear apart; to break
despedir(se) (i) de to take leave of, say good-bye to
despegar (gu) to separate
despertar(se) (ie) to wake up
despierto, -a awake
despistado, -a absent-minded
despreocupación *(f.)* lack of concern
después later, afterwards; **después de** after
destacado, -a outstanding
destello sparkle, beam
destierro exile
destino destiny, destination
destrozar (c) to destroy
destruir (y) to destroy
desventura misadventure
detalle *(m.)* detail
determinar to determine
devoción *(f.)* devotion
devolver (ue) to return
día *(m.)* day; **al otro día** the following day; **de día** by day
diablo devil
dialecto dialect
diario, -a daily; newspaper
dificultad *(f.)* difficulty
difundir to diffuse
difunto dead, dead person
digno, -a worthy
dinero money
dios *(m.)* god; **Dios** God
dirección *(f.)* direction
directamente directly
discurso speech
discutir to discuss

diseño design
disfrazar (c) to disguise
disfrutar to enjoy
disminuir (y) to decrease
disolver (ue) to dissolve
disparar to shoot
dispuesto, -a ready, prepared
distinguir to distinguish
distinto, -a different
diversión *(f.)* entertainment
dividir to divide
divino, -a divine
divisar to discern, see
docena dozen
doctorado doctorate
documental *(m.)* documentary
documento document
dólar *(m.)* dollar
dolor *(m.)* pain
dominar to dominate
don *(m.)* ability, talent
donde where
dondequiera wherever
dormido, -a asleep
dramaturgo playwright
drástico, -a drastic
ducha shower
duda doubt
duelo duel
dueño owner
dulce sweet
durante during
duro, -a hard, difficult

E

e and
echar to throw; **echarse** to lie down
edad *(f.)* age
edificio building
educado, -a educated; **bien educado** well bred
efecto effect; **efectos** personal belongings
efectuar to carry out
ejecución *(f.)* execution
ejecutar to perform, carry out
ejemplo example
elegir (i) (j) to choose
elemento element
eléctrico, -a electric
elocuente eloquent
embargo: sin embargo however, nevertheless
embravecer (zc) to become stormy or violent
emergencia emergency
emisora radio station
emoción *(f.)* emotion
empujar to push
enagua slip (woman's garment)
enamorar(se) (de) to fall in love (with)
enamorado lover
encantador, -a charming
encantar to charm, delight
encanto charm
encargar (gu) to charge, commission
encargarse de to take charge of
encargo charge, commission
encender (ie) to light
encerrar (ie) to enclose
encima on top
encontrar (ue) to find, meet; **encontrarse con** to meet, come upon, find out
energía energy
enfermedad *(f.)* illness
enfermo, -a sick
enfrente de in front of, opposite
engañar to trick
enmarcar (qu) to frame, to cause to stand out
enmendar (ie) to mend
enmudecer (zc) to become silent
enojo anger
enorme enormous
ensayista *(m.)* essay writer
ensayo rehearsal
enseñanza instruction, teaching
ensillar to saddle up

ensueño dream, illusion
enterarse (de) to learn, find out
enterrar (ie) to bury
entonces then; **en aquel entonces** at that time
entrada entrance
entrar to enter
entre between, among
entregar (gu) to deliver
entrenar to train
entrevista interview
enviar to send
envidia jealousy
época time
equipo team; baggage, luggage
equivalente equivalent
equivocado, -a wrong
erigir (j) to erect, build
errar to miss; to make a mistake
erudito scholar
escalofrío chill
escalofriante scary, chilling (weather)
escampar to clear up
escarbar to scrape, dig
escarmiento lesson, punishment
escapar to escape
escena scene
esclavitud *(f.)* slavery
esclavo slave
escoger (j) to choose
escolta escort
esconder to hide
escondite *(m.)* hiding place
escribir to write
escritor, -a writer
escuchar to listen
escuela school
esfera sphere
espacio space
espada sword
especie *(f.)* kind, species
espectáculo spectacle
espectador, -a spectator
esperanza hope
esperar to hope, wait (for)

espeso, -a thick, dense
espiritista *(m. & f.)* spiritist
espíritu *(m.)* spirit
esposa wife
esposo husband
espuelín *(m.)* spur
estación *(f.)* station
estado state, condition
estar *(irreg.)* to be
estatua statue
estrago damage
estrecho, -a narrow
estremecer(se) to shake
estrofa stanza
estudiante *(m. & f.)* student
estudiar to study
eterno, -a eternal
etiqueta label
evidencia evidence
evitar to avoid
evocar (qu) to evoke, call forth
exagerar to exaggerate
excepción *(f.)* exception
exclamar to exclaim
exclusivamente exclusively
existir to exist
éxito success; **tener éxito** to succeed
explicar (qu) to explain
explorador, -a explorer
explosión *(f.)* explosion
explotar to explode; to exploit
expresar to express
extender(se) (ie) to extend, spread out
extensión *(f.)* extension
extenso, -a extensive
extranjero foreigner
extraño, -a strange
extraordinario, -a extraordinary
extremo extreme

F

fábrica factory
fácilmente easily

fallar to miss, fall
fallecer (zc) to die
falta lack, fault
faltar to lack
fama fame
familia family
familiar *(m.)* one belonging to a family
famoso, -a famous
fango mud
fantasma *(m.)* phantom, ghost
fantástico, -a fantastic
fascinar to fascinate
favor *(m.)* favor
favorecer (zc) to favor, protect
favorito, -a favorite
fe *(f.)* faith
febril feverish
felicidad *(f.)* happiness
feliz happy
femenino, -a feminine
fenómeno phenomenon
feriado: día feriado holiday
feroz fierce
fértil fertile
fervor *(m.)* enthusiasm
fiebre *(f.)* fever
fiel faithful
fiesta holiday
figura figure
fijar(se) (en) to fix, look, notice
fijo, -a fixed, firm
fila line, row
fin *(m.)* end; **al fin, por fin** finally; **al fin y al cabo** at last, after all
final *(m.)* end
finalmente finally
fino, -a fine, of high quality
firmeza firmness
físico, -a physical
flamante brand new
flecha arrow
flor *(f.)* flower
florecimiento flowering, high point
flota fleet (of ships)

flotación: línea de flotación water line
fondo bottom; **a fondo** completely
forastero outsider
formalizar (c) to formalize
formar to form
forzar (ue) (c) to force
fosa ditch; grave
francamente frankly
frecuentar to frequent, attend often
frente in front, opposite; *(f.)* forehead; **hacer frente a** to face
fresco, -a fresh, cool
frío, -a cold
frondoso, -a leafy
fruncido: el ceño fruncido frowning
frustrar to frustrate
fruta fruit
fuego fire
fuente *(f.)* source
fuera outside
fuerte strong
fuerza force
fuga flight
fugitivo fugitive
fumar to smoke
fundar to found
furioso, -a furious
furtivo, -a secretive
fusil *(m.)* rifle

G

gallardo, -a handsome
galleta cookie
gallo rooster
gana desire; **tener ganas de** to feel like, have a desire to
ganado cattle
ganador, -a winner
ganar(se) to earn, win
gancho hook; leg braces
garganta throat
garita sentry box

generosidad *(f.)* generosity
generoso, -a generous
gesto gesture
ginebra gin
girar to spin
gloria glory
gobernador *(m.)* governor
gobierno government
goleta schooner
golpe *(m.)* blow
golpear to bruise, hit
golpetazo huge blow
goma gum, rubber
gozar(se) (c) (de) to enjoy
gracia grace; **gracias** thank you; **gracias a** thanks to
grado grade
graduación *(f.)* graduation
grande big, great
grandeza greatness
grave grave, serious
gritar to shout
grito shout; **dar un grito** to shout
grupo group
gruta underground room
guagua (Puerto Rican) bus
guapetón *(m.)* handsome guy
guardar to guard, keep
guardia guard (corps)
Guayamés person from Guayama
guerra war; **hacer guerra** to wage war
guerrero warrior
guía *(m. & f.)* guide
guiar to guide
güiro typical Puerto Rican musical instrument
gusto pleasure

H

haber *(irreg.)* to have, be
hábil clever, expert
habitación *(f.)* dwelling, room
habitante *(m.)* dweller
hablar to speak, talk
hacer *(irreg.)* to do, make; **hace** *(expression of time)* ago; **hacer caso** to pay attention; **hacerse** to become
hacha ax
hacia toward
hacienda plantation
halagar (gu) to flatter
hallar to find
hamaca hammock
hambre *(f.)* hunger
harina flour
hasta even, until, as far as
hechicero sorcerer
hecho deed
hembra female
hender (ie) to cut through
heredar to inherit
hereditario, -a hereditary
herida wound
herido *(m.)* wounded
herir (ie) (i) to wound
héroe *(m.)* hero
heroico, -a heroic
hermana sister
hermano brother
hermoso, -a beautiful
herramienta tool
hidalgo nobleman
hija daughter
hijo son
hilo thread
himno hymn
hipnotizar (c) to hypnotize
historia history, story
historiador *(m.)* historian
histórico, -a historic
hogar *(m.)* hearth, home
hoguera bonfire
hoja leaf
hombre *(m.)* man
hombro shoulder
homicida *(m. & f.)* murderer
honor *(m.)* honor
hora hour
hospital *(m.)* hospital

hoy today; **hoy día** nowadays
hueco, -a hollow
hueso bone
huir (y) to flee
humano, -a human
humedad *(f.)* humidity
húmedo, -a humid, wet
humilde humble
humo smoke
hundir to sink
huracán *(m.)* hurricane

I

identidad *(f.)* identity
identificar (qu) to identify
idioma *(m.)* language
ídolo idol
iglesia church
iluminar to illuminate, light up
imagen *(f.)* image
imaginar to imagine
imbécil *(m.)* imbecile, idiot
imperioso, -a dominating, absolute
ímpetu *(m.)* impetus, fury
implorar to implore
imponer *(irreg.)* to impose
importancia importance
importante important
impresionar to impress
improvisar to improvise, provide with the materials at hand
impulso impulse
incendiar to set on fire
incidente *(m.)* incident
incierto, -a uncertain
incluir (y) to include
inclusive even, besides, in addition
incógnita unknown element, mystery
incrédulo, -a incredulous, unbelieving
increíble incredible
incursión *(f.)* attack
indicar (qu) to indicate
indio, -a Indian

indio Indian
índole *(f.)* kind, type
industrialización *(f.)* industrialization
inesperado, -a unexpected
infinito, -a infinite
inflexible inflexible
influencia influence
informar to inform
información *(f.)* information
infortunado, -a unfortunate
ingenioso, -a clever, ingenious
iniciar to initiate, begin
inmenso, -a immense
inmortal immortal
inolvidable unforgettable
inquietar to worry
inquietud *(f.)* concern, worry
inspirar to inspire
instalar to install
instar to urge
institución *(f.)* institution
instrucción *(f.)* instruction
instrumento instrument
intentar to intend
interacción *(f.)* interaction
interesar(se) to interest, be interested in
interior interior
internar to penetrate
intervención *(f.)* intervention
intervenir *(irreg.)* to intervene
introducir (zc) to introduce, put into, insert
inundación *(f.)* flood
inútil useless
inútilmente uselessly
investigación *(f.)* investigation; research
invisible invisible
ir *(irreg.)* to go; **irse** to go away, to go out or off (electricity)
irradiación *(f.)* radiation
irritar to irritate
isla island
isleta small island

islote *(m.)* little island
izquierdo, -a left

J

jamás ever, never
jefe *(m.)* chief
jíbaro Puerto Rican rural dweller
joven young
joven *(m. & f.)* young man, young woman
joya jewel
juego game
juez *(m.)* judge
jugador *(m.)* player
jugar (ue) to play
junto near; **junto a** next to, along with; **juntos** together
jurar to promise upon oath, swear
jurisdicción *(f.)* jurisdiction, territory
juventud *(f.)* youth
juzgar (gu) to judge

L

labor *(f.)* work, task, labor
labrar to work, cultivate; to carve
lacio, -a straight
lado side
ladrido bark
lamer to lick
lanzador *(m.)* pitcher
lanzamiento pitch
lanzar(se) (c) to hurl, pitch
largo, -a long; **a lo largo de** along the length of
lata can
lavar to wash
lealtad *(f.)* loyalty
lectura reading
leer *(irreg.)* to read
legumbre *(f.)* vegetable
leguminoso, -a leguminous
lejos far, far away

levantar(se) to raise, get up
ley *(f.)* law
leyenda legend
liberación *(f.)* liberation
libertad *(f.)* liberty
libertado *(m.)* freed slave
libre free
libremente freely
libreto script
libro book
licenciado title given to lawyers
lidiar to struggle, compete
ligero, -a swift
limitar to limit
límite *(m.)* limit
limón *(m.)* lime
limpio, -a clean
lindo, -a pretty
línea line, figure
lingüístico, -a linguistic
linterna lantern
líquido liquid
lirio lily
listo, -a ready
litera bunk
literalmente literally
literato writer
literatura literature
litoral *(m.)* coast, shore
llama flame
llamar to call; **llamarse** to be named
llano, -a flat
llanura plain
llegar (gu) to arrive, reach; **llegar a ser** to become
llenar to fill
llevar to take, carry, wear; **llevar muletas** to use crutches; **llevar a cabo** to carry out, achieve
llorar to weep, cry
lluvia rain
lluvioso, -a rainy
lobo wolf
localizar (c) to locate
loco, -a crazy

lograr to accomplish, succeed
loma hill
lontananza: en lontananza far away
lucha fight, struggle
luchar to fight
lucir (zc) to display, shine
lucrativo, -a lucrative, money-making
luego then, later, in a short time
lugar *(m.)* place
lúgubre gloomy
luna moon; **luna de miel** honeymoon
lustroso, -a shining, splendid
luz *(f.)* light

M

macabro, -a hideous, gruesome
macana wooden weapon used by the Taino Indians
macanazo blow with a *macana*
machete *(m.)* machete (a type of long knife)
machetazo blow with a machete
macho male
madera wood
madre mother
madrugada dawn
maestro, -a teacher
mágico, -a magic
magnífico, -a magnificent
maíz *(m.)* corn
majestad *(f.)* majesty, *(fig.)* mountain
mal *(m.)* evil
maldecir *(irreg.)* to curse
maligno, -a bad, evil
malo, -a bad
mamá mother
manantial *(m.)* spring, source
mandar to send, command, order
mando command
manejar to handle
manga sleeve

mango mango (a tropical fruit)
maní *(m.)* peanuts
manifestar to manifest
mano *(f.)* hand
mansamente mildly
manso, -a meek, tame
mantener *(irreg.)* to maintain
mañana tomorrow; *(f.)* morning
mar *(m. & f.)* sea; **mar adentro** out to sea
maraca typical Puerto Rican musical instrument
marcar (qu) to mark
marido husband
marinero sailor
mas but
más more
mata plant
matar to kill
matrimonio marriage, married couple
máximo, -a maximum, greatest
mayor larger, older; older person
mayoral *(m.)* overseer, foreman
medianoche *(f.)* midnight
medicina medicine
médico physician
medida measure; **a medida que** as
medio half, middle; means, way
mejor better, best
melodía melody
memoria memory
menos except, less, least; **a menos que** unless; **al menos** at least
mentalmente mentally
mente *(f.)* mind
menudo, -a small, little; **a menudo** often
mero, -a mere
mes *(m.)* month
mesa table
meter(se) to put (in), place
metro meter (39.37 inches)
mezcla mixture
miedo fear; **tener miedo** to be afraid

miembro member
mientras while; **mientras tanto** meanwhile
mil thousand
milagro miracle
militar military
millón million
minuto minute; **a los pocos minutos** in a few minutes
mirar to look at
misa mass
misión *(f.)* mission
misionero missionary
mismo, -a same, very, self; **ahora mismo** right now
misterio mystery
misterioso, -a mysterious
mitad *(f.)* half, middle
moda fashion
modo manner, way; **de otro modo** otherwise
mofar(se) to make fun of
mojar(se) to wet, get wet
molestia bother, annoyance
momento moment
monja nun
montaña mountain
montar a caballo to ride horseback
morada dwelling place
morena dark-complexioned girl
morir (ue) (u) to die
mostrar (ue) to display, show; **mostrarse** to appear
mote *(m.)* nickname
motivo reason, motive
mover(se) (ue) to move
movimiento movement
moza girl
muchacha girl
mucho, -a much
muchos, -as many
mudo, -a mute, silent
mueble *(m.)* a piece of furniture
muerte *(f.)* death
muerto, -a dead
muestra sign

mujer *(f.)* lady
mulato/mulata mulatto
muleta crutch
muñeco doll
música music
muy very

N

nacer (zc) to be born
nacional national
nada nothing
naranja orange; sour orange (Puerto Rico)
narración *(f.)* narration
narrar to narrate, tell
natal pertaining to birth
nativo, -a native
naturaleza nature
navegar (gu) to navigate, sail
neblina fog
necesario, -a necessary
necesitar(se) to need, be necessary
negar (ie) to deny
negocio business
negro, -a black, dismal, gloomy
nervio nerve
neto, -a pure, complete
ni neither, nor, not even; **ni... ni** neither . . . nor; **ni siquiera** not even
nieto, nieta *(m. & f.)* grandchild
ninguno, -a none
niña girl, child
niño boy, child
nivel *(m.)* level
noble noble, illustrious
nobleza nobility
noche *(f.)* night
nombrar to appoint
nombre *(m.)* name
normalidad *(f.)* normality
norte *(m.)* north
nosotros, -as we, us
nota note
notar to notice, note

noticia notice, information, news (item); **las noticias** news
novelista *(m.)* novelist
novena novena (religious ceremony)
novia bride, sweetheart
novio bridegroom, sweetheart
nube *(f.)* cloud
nublado, -a cloudy
nuevo, -a another, new; **de nuevo** again
número number
nunca never
nutrir to nourish

O

o or
obedecer (zc) to obey
obediente obedient
objeto object
obligación *(f.)* obligation
obligar (gu) to oblige
obra work
oculto, -a concealed, hidden
ocupar(se) to occupy, occupy oneself
oeste west
oficial official
ofrecer (zc) to offer
oír *(irreg.)* to hear
ojo eye
ola wave
olla pan, pot
olvidar to forget; **olvidarse de** to forget
ombligo navel, belly button
onomástico name
opaco, -a opaque, not clear
oponer *(irreg.)* to oppose
oportunamente at the right moment
oportunidad *(f.)* opportunity
oportuno, -a appropriate, right
oración *(f.)* sentence; prayer
orden *(f.)* order (command); military or religious order; *(m.)* order (harmony)

ordenanza ordinance, law
organizar (c) to organize
orgullo pride
orientar to orient
origen *(m.)* origin
originalmente originally
orilla shore, border
oro gold
ortopédico, -a orthopedic
oscuro, -a obscure, dark
otoño fall, autumn
otorgar (gu) to consent, grant
otro, -a other

P

padre *(m.)* father
padres *(m.)* parents
pagar (ue) to pay
país *(m.)* country
paisajito view
pájaro bird
palabra word
palma palm tree
palo stick
paloma dove
pan *(m.)* bread
par *(m.)* pair
para for, to, in order to
paralizar (c) to paralyze
parar to stop; **pararse** to stop, stand up
parcialmente partially
parecer(se) (zc) to seem, appear, resemble
pareja pair (of people), couple
pariente *(m.)* relative
parpadear to wink, blink
parque *(m.)* park
párroco parson
parte *(f.)* part
participación *(f.)* participation
partido party; choice; sporting match
partir to leave, split, cut in half
pasado, -a past

pasaje *(m.)* passageway
pasar to pass, happen, go by, suffer
pasatiempo pastime, diversion
pase *(m.)* movement with the hands
pasión *(f.)* passion
paso pace, step, pass
pata foot, leg, paw of an animal
patria native country
patrón *(m.)* patron, boss, pattern, model
patrulla patrol
paz *(f.)* peace
pecho breast, chest
pedir (i) to ask (for), request
pegar (ue) to stick, to hit
peinar to comb
pelear to fight
peligro danger
pelo hair
pelota ball
peluquero barber
pena sorrow, hardship
penetrante penetrating
penetrar to penetrate
penitencia penance
pensamiento thought
pensar (ie) to think, intend, consider
penumbra shade, shadows
peñasco large rock
peor worse, worst
pequeño, -a small
percatar(se) de to notice, realize
perder (ie) to lose
pérdida loss
perdón *(m.)* forgiveness
perdonar to forgive
perezoso, -a lazy, lazybones
periódico newspaper
periodista *(m.)* journalist
permanecer (zc) to remain
permiso permission
permitir to permit
perplejo, -a perplexed
pero but
perro dog
perseguidor *(m.)* pursuer
perseguir (i) to pursue
pertenecer (zc) to belong
perturbar to disturb
pesadilla nightmare
pesado, -a heavy
pesar to weigh; **a pesar de** in spite of
pesca fishing
pescador *(m.)* fisherman
pescar (qu) to fish
petición *(f.)* petition, request
pez *(m.)* fish
picar (qu) to bite, prick
picardía mischief
pie *(m.)* foot
piedra stone
piel *(f.)* skin
pieza piece
pintoresco, -a picturesque
pirata *(m.)* pirate
piso floor
pistola pistol
pizarra board
plácido, -a tranquil, quiet
planear to plan
planeta *(m.)* planet
planta plant
plástico plastic
platicar (qu) to talk
platillo volador *(m.)* flying saucer
plato plate
playa beach
plaza public square
poblar to populate
pobre poor
poco, -a little, few; **a los pocos minutos** a few minutes later; **poco a poco** little by little
poder (ue) (u) *(irreg.)* to be able, can, may
poesía poem
poeta *(m. & f.)* poet

policía *(m. & f.)* police officer
policía *(f.)* police (department)
política politics
político, -a political
pon *(m.)* (Puerto Rican) ride
poner *(irreg.)* to put, place; **ponerse** to put on; **ponerse a** to begin; **ponerse en camino** to start out
por by, for, through, during; **por eso** therefore, for that reason, because of
porque because
porta gun port
portarse to behave, act
posar to perch
poseer to possess
posible possible
poste *(m.)* post
postizo, -a artificial, false
pozo well
prácticamente practically
practicar (qu) to practice
precaución *(f.)* precaution
precipicio precipice
precisamente precisely
predecir *(irreg.)* to predict
preferir (ie) (i) to prefer
pregunta question
preguntarse to wonder
prender to turn on, to light
preocupación *(f.)* worry
preocupar to be concerned, worry
preparar to prepare
preparativo preparation
presa prey
presenciar to witness, to present
presente present
preso prisoner
presunto, -a presumed, would-be
pretendiente *(m.)* suitor
prevalecer (zc) to prevail
prevenir (ie) (i) *(irreg.)* to prepare, advise, caution, prevent
primero, -a first
principal main, principal
principio beginning

prisionero prisoner
probar (ue) to try, taste
problema *(m.)* problem
procesión *(f.)* procession
proclamar to proclaim
procurar to get, obtain
producto product
productor *(m.)* producer
profecía prophecy
profesional professional
profeta *(m. & f.)* prophet
profundo, -a deep, profound
prohibir to prohibit
prometer to promise
pronto quick, soon; **de pronto** suddenly
pronunciar to pronounce
propiedad *(f.)* property
propio, -a own, self, suitable
propósito purpose; **a propósito** by the way
proseguir (i) to continue, pursue
protección *(f.)* protection
protectora protector
provisión *(f.)* provision; *(pl.)* supplies
provocar (qu) to cause
próximo, -a next
proyectar to project, scheme, throw
proyecto plan, project
prueba test, proof
pueblo town, people, nation
puente *(m.)* bridge, deck of a ship
puerto port
pues since, then, well
puesta del sol *(f.)* sunset
puesto place, position
punto point; **a punto de** on the point of
puñal *(m.)* dagger

Q

que that; **lo que** what; **en lo que** while
qué what

quedar(se) to be, be left, remain, stay
quemar to burn
querer (ie) *(irreg.)* to want, love
querido, -a beloved, dear
quien who
quinto, -a fifth
quitar(se) to take off, move away

R

radiación *(f.)* radiation
raíz *(f.)* root; **a raíz de** immediately after
ramo bouquet, branch
rápidamente quickly
raro, -a rare, strange
rato short time, while
rayo beam, ray of light, thunderbolt
razón *(f.)* reason; **tener razón** to be right
real real, royal
realizar (c) to carry out, fulfill, realize
realmente really
reanudar to renew
rebelde *(m.)* rebel
rebelión *(f.)* rebellion
rechazar (c) to expel, reject
recibir to receive
recipiente *(m.)* container
recobrar to recover
recoger (j) to gather, pick up
reconocer (zc) to recognize
recordar (ue) to remember; to recall
recreo recreation
rectitud *(f.)* rectitude, honesty
recuperar to recover
recurso recourse
red *(f.)* net
redondo, -a round
referir (ie) (i) to refer
reflejo reflex
reflexión *(f.)* reflection, meditation

reflexionar to reflect
refrescar (qu) to refresh
refugiarse to take refuge
regañar to scold
regresar to return
rehén *(m.)* hostage
relato account, report
relevo replacement
remendar (ie) to mend
remojar to soak
remontar(se) to date from
rendir(se) to give up, surrender
reparación *(f.)* reparation, repair
repartir to divide
repente: de repente suddenly
repetir (i) to repeat
reponerse to collect oneself
reportero reporter
repugnar to disgust
resbaladizo, -a slippery
resbalar to slip
rescatar to rescue
residente *(m.)* resident
resignación *(f.)* resignation
resistencia resistance
resistir to resist
respetar to respect
respirar to breathe
restablecer (zc) to reestablish
resuelto, -a resolved, determined
resultado result
resultar to result, to turn out to be
retener *(irreg.)* to hold, retain
retroceder to retreat, withdraw
reunión *(f.)* meeting
reunir to gather, join; **reunirse (con)** to meet with
revelar to reveal
revista magazine
rey *(m.)* king
rezar (c) to pray
ribera shore
rico, -a rich
rigurosamente strictly
rincón *(m.)* corner
río river

rival *(m.)* rival
robar to rob
rodar to roll
rodear **(de)** to encircle, surround
rodilla knee; **ponerse de rodillas** to kneel down
rogar **(ue) (gu)** to beg, implore, request
rojo, -a red
románticamente romantically
romántico, -a romantic
romper to break
rondar to pester, flirt with
ropa clothes
rosario rosary
rótulo sign
rugido roar
rumbo direction; **rumbo a** on the way to
rústico, -a rustic, unpolished
ruta route

S

saber *(irreg.)* to know
sabroso, -a delicious
sacerdote *(m.)* priest
sacrificar **(qu)** to sacrifice
sagrado, -a sacred
sala living room
salir to leave
salvaje *(m.)* savage
salvar to save
sangre *(f.)* blood
sano, -a safe, healthy
santo, -a holy, saint
santuario sanctuary
sardina sardine
satisfacer *(irreg.)* to satisfy
secretaria secretary
secreto secret
sedante *(m.)* sedative
sedoso, -a silky
seguida succession; **en seguida** immediately, at once

seguir **(i)** to continue, follow
según according to, as
segundo second
seguramente surely
seguridad *(f.)* security, safety
seguro, -a safe, sure
semana week
sencillo, -a simple
seno breast
sentar(se) **(ie)** to sit down
sentir(se) **(ie) (i)** to be sorry, regret, to feel (good, bad, etc.)
seña sign, gesture
señor *(m.)* mister, sir, gentleman
señora lady, Mrs.
señorita del manto prieto fly; *(lit.)* young lady in a black cloak
separar to separate
ser *(irreg.)* to be
ser *(m.)* being
serenata serenade
servicial obliging
severamente severely
servir **(i)** to serve
sí yes
siempre always; **siempre que** whenever
sien *(f.)* temple (side of the head)
significar **(qu)** to mean, signify
siguiente following; **al día siguiente** on the following day
silencioso, -a silent
silvestre wild
símbolo symbol
simétrico, -a symmetrical
simplemente simply
sin without; **sin embargo** nevertheless
sino but, if not
sinuoso, -a winding
sitio place
situar to situate, locate
sobre over, about
sobrenatural supernatural
sobrepasar to surpass
sobreviviente *(m.)* survivor

sobrevivir to survive
sobrino nephew
sociedad (f.) society
sol (m.) sun
soldado soldier
soledad (f.) solitude
solemne solemn
soler (ue) to be in the habit of
solitario, -a solitary, lonely
sollozar (c) to sob
solo, -a alone, single
sólo (solamente) only
soltar (ue) to let go, let loose
solución (f.) solution
sonar to sound
sonido sound
sonreír(se) (i) to smile
sonrisa smile
soñar (ue) to dream; soñar con to dream of
soplar to blow
soportar to endure, suffer
sorprender to surprise
sorpresa surprise
sospechar to suspect
sostener (ie) (irreg.) to support
subida ascent
subir to go up, climb
súbitamente suddenly
sublevar to revolt
subterráneo, -a underground
suceder to happen
suceso event
sucumbir to succumb, die
suelo floor, ground
suelto, -a loose
sueño sleep, dream
suerte (f.) luck, fate
suficiente sufficient
sufrir to suffer
sugerencia suggestion
sujetar to fasten
sumamente very, greatly
supersticioso, -a superstitious
suplir to supply, take the place of
sur (m.) south
sureste (m.) southeast
surgir (j) to appear, rise
suroeste (m.) southwest
suspirar to sigh

T

tabaco tobacco
tabla board
táctica tactic
tal such; tal vez perhaps
tallar to carve
tamaño size
también also
tambor (m.) drum
tan so, as; tan... como as . . . as
tanto so (as) much; mientras tanto meanwhile; tantos so (as) many
tapar to cover
taparrabo loincloth
tardar to delay; be late
teatro theater
tedio boredom
tejer to knit, weave
tema (m.) theme
temblar (ie) to tremble
temblor (m.) tremor
tembloroso, -a trembling
temer to fear
tempestad (f.) storm
temporada season
temporal (m.) tropical storm
temprano early
tener (irreg.) to have
tentación (f.) temptation
tentar (ie) to tempt
tercero, -a third
terminar to end
término term, end
termo thermos
ternura tenderness
terraza terrace
terreno land, ground
tertulia informal conversation group
testigo witness

testimonio testimony
texto text
tez (f.) complexion
tiempo time
tienda store
tiendita small store
tienta: a tientas feeling one's way
tierra earth, ground, land
tildar to label
tirar to throw, fire, shoot
titulares (m.) headlines
tocar (qu) to ring, sound, touch, play
todavía still, yet
todo, -a all, every
tomar to take
tono tone
tonto, -a silly
tormenta storm, tempest
torno: en torno about
toro bull
trabajador (m.) worker
trabajar to work
tradición (f.) tradition
traer (irreg.) to bring, carry
traje (m.) clothes, dress, suit
trampa trap
tramposo, -a trickster
tranquilamente calmly
tranquilo, -a tranquil
trapo rag
tras (de) behind, after
trasladar to transfer, move
trata trade
tratar to treat, deal with; **tratar de** to try to
trato treatment
tremendo tremendous
trepar to climb
tribu (f.) tribe
tribunita small tribune
tripulación (f.) crew
tripulante (m.) member of crew
tristeza sadness
tronco trunk
tropas troops
tropel (m.) crowd, throng
trozo piece
trueno thunder
tumba tomb
turno turn

U

u or
ubicar (qu) to locate
últimamente lately
último last
único, -a only
unirse to join
universo universe
usar to use, wear
utilizar (c) to utilize

V

vacaciones (f.) vacation
vacilar to hesitate
valer (g) to be worth; **valerse de** to use
valiente brave
valle (m.) valley
valor (m.) value, courage
vals (m.) waltz
vano, -a vain
variante (f.) variant form
variar to vary
varios, -as various, several
vaso glass, cup
vecino, -a neighbor
vela candle, sail (of a ship)
velar to look after
velocidad (f.) velocity, speed
veloz fast
vena vein
vencer (z) to conquer
venerar to honor, venerate
vengar (gu) to avenge
venir (irreg.) to come
ventanilla small window
ver (irreg.) to see
verano summer

verdad *(f.)* truth; **de verdad** really; **¿verdad?** right?
verde green
veredita narrow path
vergüenza: te debería dar vergüenza you should be ashamed of yourself
vestir(se) (i) to dress (oneself), to wear
vez *(f.)* time; **de vez en cuando** from time to time; **otra vez** again
viajar to travel
viaje *(m.)* trip, journey, voyage; **viaje de ida y vuelta** round-trip journey
viajero traveler
víctima victim
vida life
viejito old man
viejo, -a old
viento wind
vigilar to watch
villa settlement
vinculado, -a tied, linked
violento, -a violent
Virgen *(f.)* Virgin (Mary)
virtuoso, -a virtuous
víspera eve, night before
vista sight, view
visto seen; **por lo visto** apparently
vivir to live
vocabulario vocabulary
volar (ue) to fly
volcar (ue) (qu) to turn over
volibol *(m.)* volleyball
voluntarioso, -a headstrong, stubborn
voluptuoso, -a voluptuous
volver (ue) to return, turn; **volver a** to . . . again
voz *(f.)* voice
vuelta turn, return
vulgo common people

Y

y and
ya already, now, yet
yesquero tinderbox
yuca yucca (plant with edible root, from which flour is made)

Z

zorra fox